Współczesne wyzwania dla islamskich finansów

Hussein Elasrag

Islamskie finanse to jedyny przykład systemu finansowego, który jest bezpośrednio oparty na zasadach moralnych jednej z głównych religii i który zapewnia nie tylko wskazówki inwestycyjne, ale także szereg unikalnych produktów inwestycyjnych i finansowych. Islamskie finanse opierają się na prawie islamskim, które zapewnia wskazówki dotyczące wielu aspektów islamskiego życia. Islamski przemysł finansowy odgrywa ważną rolę w światowej gospodarce. Ta książka ma na celu zidentyfikowanie potencjalnych obszarów do .rozważenia dla wszystkich sektorów islamskich finansów

Indeks

WSTĘP 1

ROZDZIAŁ 1 7

PODSTAWY ISLAMSKICH FINANSÓW 7

A. Kluczowe zasady i zakazy szariatu dotyczące finansów 9
B. Regulacja finansów islamskich 13

ROZDZIAŁ 2 24

WIODĄCE ORGANIZACJE ISLAMSKICH FINANSÓW 24

ROZDZIAŁ 3 28

ROZWÓJ FINANSÓW ISLAMSKICH 28

A. Obligacje islamskie (Sukuk): 29
B. Bankowość islamska 33

ROZDZIAŁ 4 36

UWOLNIENIE POTENCJAŁU ISLAMSKICH FINANSÓW DLA MAŁYCH FIRM 36

ROZDZIAŁ 5 50

GOSPODARKA HALAL I FINANSE ISLAMSKIE 50

A. Możliwość targu halal 50
B. Segmenty rynku halal 54
1. *Żywność* 54
2. *Produkty farmaceutyczne i zdrowotne* 56
3. *Kosmetyki* 56
4. *Turystyka i podróże* 58

ROZDZIAŁ 6 60

BLOCKCHAINY DLA ISLAMSKICH FINANSÓW 60

A. Zastosowania Blockchain w islamskich finansach 62
1. *Inteligentne kontrakty* 63
2. *Magazyn w chmurze* 65
3. *Waluty cyfrowe* 66
4. *Kolekcja zakat* 66
5. *Poprawa użyteczności waqf* 67
6. *Skuteczne i wydajne łańcuchy dostaw halal* 68
7. *Przepływ transakcji przelewu za pomocą kryptowaluty i Blockchain* 72
8. *Takaful (ubezpieczenie islamskie)* 73
9. *Mądry Sukuk* 75
B. Blockchainy dla islamskich finansów: przeszkody i wyzwania 77
1. *Zakłócenia rządowe* 77
2. *Słabo rozwinięta infrastruktura ekosystemów* 78
3. *Niejasne przepisy* 78
4. *Bezpieczeństwo, prywatność i brak standardów* 79
5. *Kwestie dotyczące zasobów ludzkich i kosztów* 80
6. *Niedojrzałe oprogramowanie pośredniczące i narzędzia* 81
7. *Skalowalność* 81

ROZDZIAŁ 7 82

KROKI NAPRZÓD — KILKA ZALECEŃ 82

A. INŻYNIERIA FINANSOWA: 83
B. ZARZĄDZANIE RYZYKIEM I DYWERSYFIKACJA: 84
C. POZABANKOWE USŁUGI FINANSOWE: 84
D. ROZWÓJ RYNKÓW KAPITAŁOWYCH: 85
E. SPOŁECZNA ODPOWIEDZIALNOŚĆ BIZNESU W ISLAMIE 86
F. ŁAD KORPORACYJNY W ISLAMSKICH FINANSACH 91
G. FINTECH 107

BIBLIOGRAFIA 110

Wstęp

Islamskie finanse to jedyny przykład systemu finansowego opartego bezpośrednio na zasadach etycznych jednej z głównych religii, który zapewnia nie tylko wytyczne inwestycyjne, ale także zestaw unikalnych produktów inwestycyjnych i finansowych". Islamskie finanse opierają się na szariatu , prawie islamskim, które zawiera wytyczne dotyczące wielu aspektów życia muzułmanów, w tym religii, polityki, ekonomii, bankowości, biznesu i aspektów systemu prawnego . praktyki finansowe i towarzyszące im instrumenty prawne zgodne z prawem islamskim. Główne zasady finansowe szariatu obejmują zakaz oprocentowania, zakaz niepewności, przestrzeganie podziału ryzyka i podziału zysków, promowanie etycznych inwestycji, które wzmacniają społeczeństwo i nie naruszają praktyk zakazanych w Koranie oraz aktywów materialnych- podkład.

Islamskie finanse i ich cyfrowa gospodarka oferują możliwości dla muzułmanów i nie-muzułmanów, ponieważ obie populacje szukają obecnie spójnego rozwiązania ich palących problemów – odbudowy zaufania do systemu finansowego, który je utracił. Niektórzy technolodzy wyobrażają sobie ten świat bez pośredników, podczas gdy inni chcą tylko szybszego i wydajniejszego sposobu zawierania transakcji. Tak czy inaczej, wyzwaniem jest odpowiedzialność i osadzenie tego poczucia odpowiedzialności w nowych systemach, które są budowane, oparte na podziale ryzyka i zysków, które zakotwiczają naturę naszych gospodarek, w tym ekonomię dzielenia się niewykorzystanymi aktywami.

Współczesne finanse islamskie pojawiły się w połowie lat 70. wraz z założeniem pierwszych dużych banków islamskich. Rozwój początkowo nastąpił poprzez wprowadzanie na rynek stale rosnącej podaży instrumentów finansowych zgodnych z szariatem. Ten model napędzany podażą przyczynił się do stosunkowo powolnego wzrostu do połowy lat dziewięćdziesiątych. Od tego czasu popyt w coraz większym stopniu napędzał rozwój islamskich instrumentów finansowych.

W 1990 r. utworzono Organizację Rachunkowości i Audytu dla Islamskich Instytucji Finansowych (AAOIFI) w celu ustanowienia branżowych standardów rachunkowości i audytu. W latach 90. nastąpiła dywersyfikacja potencjalnych dróg dla bankowości islamskiej. Rosnąca świadomość i popyt na produkty islamskie, wraz ze wsparciem polityki rządu i rosnącym wyrafinowaniem instytucji finansowych, razem zwiększyły tempo wzrostu.

Lata 2000 były najważniejszą dekadą w globalnej bankowości islamskiej. Było to spowodowane pojawieniem się sukuk i innych ustrukturyzowanych aktywów Islamskich Finansów oraz proliferacją rozwijających się rynków kapitałowych. Islamska bankowość wprowadziła w ostatnich latach coraz bardziej wyrafinowane islamskie instrumenty finansowe, które są zdolne do większej elastyczności i umożliwiają większą sprawność w zarządzaniu płynnością.

Pieniądze, zgodnie z naukami islamu, są miarą wartości, a nie towarem. Dług to relacja, w której ryzyko i odpowiedzialność są wspólne dla wszystkich stron umowy. Pieniądze muszą być praktycznie wykorzystane w tworzeniu realnej wartości dla uczestników transakcji. Musi służyć do tworzenia, a nie być towarem samym w sobie. Z tego powodu zakazane jest postrzeganie gromadzenia kapitału i uzyskiwania pasywnego zwrotu z kapitału związanego z upływem czasu, czyli odsetek. Krótko mówiąc, pieniądze nie mogą być z pieniędzy.

Tworzenie nowoczesnych islamskich instytucji finansowych rozpoczęło się trzy dekady temu. Obecnie istnieje co najmniej 70 krajów, które mają jakąś formę islamskich usług finansowych; prawie wszystkie duże międzynarodowe banki oferują te usługi. Podstawowe zasady finansowe islamskich finansów pozostały niezmienione od czasu ich rozwoju ponad 1400 lat temu. Produkty finansowe muszą być certyfikowane jako zgodne z szariatem przez eksperta prawa islamskiego. Certyfikacja wymaga, aby transakcja była zgodna z szeregiem kluczowych zasad, które obejmują:

- Poparcie w postaci aktywów materialnych, użytkowania lub usług, aby uniknąć „spekulacji" (gharar). Zakaz płacenia odsetek (riba).

- Podział ryzyka między uczestników.

- Ograniczenia sprzedaży aktywów finansowych i ich wykorzystania jako zabezpieczenia.

- Zakaz finansowania działań uznanych za niezgodne z prawem szariatu (haram), takich jak alkohol, konwencjonalne usługi finansowe, hazard i tytoń.

Współczesne finanse islamskie pojawiły się w połowie lat 70. wraz z założeniem pierwszych dużych banków islamskich. Rozwój początkowo nastąpił dzięki wprowadzeniu na rynek stale rosnącej podaży instrumentów finansowych zgodnych z szariatem.

Ten model napędzany podażą przyczynił się do stosunkowo powolnego wzrostu do połowy lat 90., kiedy to popyt w coraz większym stopniu napędzał rozwój islamskich instrumentów finansowych. Rosnąca świadomość i popyt na produkty islamskie, wraz ze wsparciem polityki rządu i rosnącym wyrafinowaniem instytucji finansowych, razem podniosły tempo wzrostu.

Dwa wydarzenia miały kluczowe znaczenie dla ekspansji islamskich rynków finansowych. W 1998 r. tak zwana fatwa „Dow Jones Islamic Indexes" odegrała transformacyjną rolę, ponieważ otworzyła drzwi do ograniczonego stopnia „dopuszczalnej nieczystości" w transakcjach finansowych i zinstytucjonalizowała pojęcie oczyszczenia i oczyszczenia, dzięki czemu niewielkie kwoty niedopuszczalnych dochodów z odsetek może zostać oczyszczony lub oczyszczony przez darowiznę na cele charytatywne. To z kolei doprowadziło do serii testów inwestycji kapitałowych, które można wykorzystać do oceny potencjalnych inwestycji pod kątem zgodności z szariatem . Drugą kluczową innowacją było wprowadzenie sukuk – zgodnego z szariatem substytutu obligacji – gdzie ochrona kapitału nie jest osiągana jako pożyczka, ale jako wiążąca umowa przez emitenta na odkupienie pewnych aktywów przez pewien czas.

Sukuk stał się teraz jednym z filarów islamskich rynków kapitałowych i umożliwił szybki wzrost islamskich transakcji finansowych.

Wiele przyczyn rozwoju islamskiego sektora finansowego w ostatnich latach :

(1) Przepływ funduszy do muzułmańskich krajów produkujących ropę;

(2) Rosnące polityczne i społeczne pragnienie w świecie muzułmańskim finansowych alternatyw dla instytucji bankowych i inwestycyjnych, które były historycznie zdominowane przez Zachód;

(3) szerzący się kryzys kredytowy na światowych rynkach finansowych i potrzeba dostępu do nowych źródeł kapitału inwestycyjnego;

(4) Wzrost państwowych funduszy majątkowych i pragnienie posiadania instrumentów zgodnych z szariatem , za pomocą których można by je inwestować; oraz,

(5) Szybko przyspieszająca liczba transgranicznych, wielo jurysdykcyjnych transakcji finansowych, które są możliwe i wymagane w zglobalizowanej gospodarce światowej. Aktywa posiadane przez inwestorów muzułmańskich na całym świecie przekraczają obecnie 2,6 bln USD, a do 2020 r. kwota ta ma wzrosnąć do 3,7 bln USD.

Finanse zgodne z szariatem stały się akceptowanym i żywym elementem międzynarodowych transakcji finansowych. Oferuje nową okazję do podkreślenia moralnych i etycznych aspektów biznesu i finansów, które wykraczają poza świat arabski i islamski, aby skłonić do ponownego przeanalizowania podstawowych wartości leżących u podstaw wszystkich globalnych transakcji finansowych – udostępniając zasoby finansowe potrzebne do rozwoju kapitału ludzkiego, który podtrzyma postęp gospodarczy i społeczny.

Podstawowe zasady finansowe islamskich finansów pozostały niezmienione od czasu ich rozwoju ponad 1400 lat temu. Produkty finansowe muszą być certyfikowane jako zgodne z prawem szariatu przez eksperta prawa islamskiego. Certyfikacja wymaga, aby transakcja była zgodna z szeregiem kluczowych zasad, które obejmują:

• Poparcie w postaci aktywów materialnych, użytkowania lub usług.

• Musi unikać „spekulacji" (gharar).

• Zakaz płacenia odsetek (riba).

• Ryzyko i zwrot dzielone między uczestników.

• Zakaz finansowania działań uznanych za niezgodne (haram), takich jak sprzedaż alkoholu, konwencjonalne usługi finansowe, hazard i tytoń.

Ze względu na ograniczenia dotyczące inwestycji przynoszących odsetki, banki islamskie muszą uzyskiwać swoje dochody poprzez inwestycje z udziałem w zyskach lub zwroty oparte na opłatach. Kiedy pożyczki są udzielane w celach biznesowych, pożyczkodawca, jeśli chce osiągnąć uzasadniony zysk na mocy szariatu , powinien wziąć udział w ryzyku. Jeżeli pożyczkodawca nie bierze udziału w ryzyku, jego otrzymanie wszelkich zysków ponad pożyczoną kwotę jest klasyfikowane jako odsetki. Islamskie instytucje finansowe mają również swobodę angażowania się w transakcje leasingowe, w tym transakcje leasingowe z opcjami zakupu.

Można zapytać, dlaczego niemuzułmanie zgodziliby się na wykorzystanie islamskich struktur finansowych. Główną odpowiedzią jest to, że islamskie finanse zapewniają możliwość skorzystania ze znaczących funduszy islamskich inwestorów poszukujących inwestycji zgodnych z szariatem . Ponadto Islamskie Finanse można łączyć z konwencjonalnymi źródłami finansowania i wsparciem agencji kredytów eksportowych (ECA).

Wraz z dalszym rozwojem islamskiego przemysłu finansowego rośnie potrzeba standaryzacji i profesjonalizmu w całej branży. W połączeniu z tym jest znaczenie przyjęcia solidnych systemów ładu korporacyjnego o uznanych międzynarodowych standardach, obejmujących przejrzyste, uczciwe i etyczne praktyki pracy. Islamskie instytucje finansowe są dobrze umiejscowione w tym kontekście, ponieważ sednem prawa islamskiego jest wizja rozwoju społecznego, która wymaga od wszystkich jednostek i przedsiębiorstw postępowania w sposób etyczny i społecznie odpowiedzialny.

Pojęcie ładu korporacyjnego z perspektywy islamu nie różni się zbytnio od konwencjonalnej definicji, ponieważ odnosi się do systemu, w którym firmy są kierowane i kontrolowane w celu spełnienia celów korporacji poprzez ochronę interesów i praw wszystkich interesariuszy. Wyjątkowo, w kontekście ładu korporacyjnego w ramach paradygmatu islamskiego, prezentuje odmienne cechy i cechy w porównaniu z systemem konwencjonalnym, gdyż odnosi się jako szczególny przypadek szerszej teorii podejmowania decyzji, wykorzystującej założenie islamskiej epistemologii społeczno-naukowej, która jest oparty na boskiej jedności Boga. Definicja ładu korporacyjnego opracowana przez komisję finansów w Malezji w raporcie na temat ładu korporacyjnego stwierdzała, że:

Ład korporacyjny to proces i struktura wykorzystywana do kierowania i zarządzania działalnością i sprawami spółki w celu zwiększenia dobrobytu biznesowego i odpowiedzialności korporacyjnej, której ostatecznym celem jest realizacja długoterminowej wartości dla akcjonariuszy, przy jednoczesnym uwzględnieniu interesów innych interesariuszy.

Wskazuje to, że ład korporacyjny dotyczy nie tylko akcjonariuszy, ale także pozostałych interesariuszy.

Ład korporacyjny w islamskich finansach wymaga od islamskich instytucji finansowych przestrzegania zbioru zasad zwanego prawem islamskim lub szariatem . Szariat reguluje operacje i transakcje banku zgodnie z islamskimi zasadami wywodzącymi się z Koranu i hadisów.

Islamska Instytucja Finansowa (IFI) jest jak każda inna konwencjonalna instytucja finansowa, która działa jako pośrednik między dostawcami funduszy a użytkownikami funduszy, jedyną różnicą jest to, że transakcje i umowy IFI muszą być zgodne z prawem islamskim.

Rosnąca świadomość i zapotrzebowanie na inwestowanie zgodnie z islamskimi zasadami etycznymi w skali globalnej przyczyniły się do uczynienia islamskiego systemu bankowego i finansowego kwitnącym przemysłem. Jest to również odzwierciedlenie rosnącego bogactwa i zdolności inwestorów, zarówno muzułmańskich, jak i niemuzułmańskich, do poszukiwania i inwestowania w nowe produkty inwestycyjne, które służą ich potrzebom. Islamskie instytucje finansowe (IFI) zarabiają tak samo, jak inne firmy biznesowe. Wiele osób twierdzi, że międzynarodowe instytucje finansowe powinny zaangażować się w „strategiczne działania charytatywne". Działalność międzynarodowych instytucji finansowych, w tym banków islamskich, opiera się na zasadach szariatu , które wymagają, aby IFI działały z zaangażowaniem odpowiedzialności społecznej. (Hassan i Latiff , 2009)

W kontekście MIF, Stowarzyszenie Organizacji Rachunkowości i Audytu dla Islamskich Instytucji Finansowych (AAOIFI) wydało określone standardy dotyczące CSR znane jako Standardy zarządzania nr 7: Społeczna odpowiedzialność biznesu, postępowanie i ujawnianie informacji dla MIF. Według (AAOIFI) Społeczna Odpowiedzialność Biznesu (CSR) dla MIF odnosi się do wszystkich działań prowadzonych przez MIF (MIF odnosi się do każdej instytucji, która pełni rolę pośrednika finansowego, ściśle przestrzegającego przepisów szariatu). Obejmują one między innymi islamskie banki i islamskie firmy ubezpieczeniowe) w celu wypełniania swoich religijnych, ekonomicznych, prawnych, etycznych i uznaniowych obowiązków jako pośrednicy finansowi dla osób fizycznych i instytucji. Odpowiedzialność religijna odnosi się do nadrzędnego obowiązku MIF przestrzegania prawa islamu we wszystkich jego działaniach i operacjach. Odpowiedzialność ekonomiczna odnosi się do obowiązku banków islamskich, aby były finansowo żywotne, rentowne i wydajne. Odpowiedzialność prawna odnosi się do obowiązku międzynarodowych instytucji finansowych do przestrzegania i przestrzegania przepisów ustawowych i wykonawczych kraju, w którym prowadzą działalność. Odpowiedzialność etyczna odnosi się do obowiązku międzynarodowych instytucji finansowych respektowania masy norm społecznych, religijnych i zwyczajowych, które nie są skodyfikowane w prawie. Odpowiedzialność uznaniowa odnosi się do oczekiwań interesariuszy, że międzynarodowe instytucje finansowe będą odgrywać społeczną rolę we wdrażaniu islamskich ideałów, wykraczając poza obowiązki religijne, ekonomiczne, prawne i etyczne.

W ostatnich latach, wraz ze wzrostem liczby zamożnych muzułmanów, przemysł halal rozszerzył się dalej o oferty lifestylowe, w tym podróże halal i usługi hotelarskie, a także modę. Ten rozwój został wywołany zmianą sposobu myślenia konsumentów muzułmańskich, a także etycznymi trendami konsumenckimi na całym świecie.

Rynek halal nie jest wyłączny dla muzułmanów i zyskał coraz większą akceptację wśród niemuzułmańskich konsumentów, którzy kojarzą halal z etycznym konsumpcjonizmem. W związku z tym wartości promowane przez halal - odpowiedzialność społeczna, zarządzanie ziemią, sprawiedliwość ekonomiczna i społeczna, dobrostan zwierząt i inwestycje etyczne - zyskały zainteresowanie wykraczające poza religijną zgodność. Popularność i popyt na produkty z certyfikatem halal wśród konsumentów niemuzułmańskich rośnie, ponieważ coraz więcej konsumentów poszukuje produktów wysokiej jakości, bezpiecznych i etycznych.

W gospodarce islamskiej technologia blockchain może wywrzeć znaczący wpływ. Blockchain w islamskich finansach i bankowości z pewnością pomoże islamskim bankom i instytucjom finansowym odnieść sukces. Bez obaw o odsetki i inne tego typu problemy islamski system bankowy będzie mógł działać wydajniej.

Islamskie instytucje finansowe coraz częściej wykorzystują technologię blockchain do złożonych warunków finansowania, transakcji zgodnych z szariatem oraz islamskich i zgodnych z szariatem alternatyw dla konwencjonalnych ubezpieczeń. automatyzacja back-office i underwriting mikroubezpieczeń. Islamskie Finanse mogą wykorzystywać kryptowaluty do finansowania MŚP, oparte na technologii blockchain, do strukturyzowania płatności w wydajny i opłacalny sposób.

Blockchain w islamskich finansach i bankowości z pewnością pomoże islamskim bankom i instytucjom finansowym odnieść sukces. Bez obaw o odsetki i inne tego typu problemy islamski system bankowy będzie mógł działać wydajniej. Zarządzanie pożyczkami i innymi powiązanymi usługami stanie się łatwe. oprócz ograniczenia oszustw i ryzyka, może obniżyć wysokie koszty związane z Islamskimi Finansami. Koszt przetwarzania islamskich produktów finansowych jest wyższy niż zwykłych produktów usług finansowych, więc blockchain jest bardzo skutecznym narzędziem do obniżenia kosztów w systemach przetwarzania zaplecza islamskich firm finansowych. Prawdziwym wyzwaniem w przyszłości będzie legalność inteligentne kontrakty oraz globalne ramy regulacyjne potrzebne do ustanowienia prawdziwych pożyczek typu peer-to-peer ponad granicami; tylko dlatego, że jest legalne w jednym kraju, nie czyni tego w następnym.

Islamskie finanse to doskonały przykład tego, w jaki sposób finanse zaspokajają potrzeby osób fizycznych, przedsiębiorstw i rządów. Poprzez ułatwianie czynników tak różnorodnych, jak włączenie finansowe, rozwój infrastruktury i finansowanie rządowe, Islamskie Finanse służą społeczeństwu jako całości. Globalny rynek finansów islamskich rośnie umiarkowanie ze względu na silne inwestycje w sektory Halal, infrastrukturę i obligacje Sukuk, zwłaszcza poprzez tryby elektroniczne we wszystkich produktach i usługach. Czynniki napędzające wzrost rynku kierują inwestycje w kierunku ogromnych możliwości rozwoju w obiecujących sektorach islamskich.

Ta książka ma na celu nakreślenie niektórych potencjalnych obszarów do rozważenia dla wszystkich sektorów islamskich finansów. Ponadto książka omawia rozwój finansów islamskich; oraz Przeglądaj i omawiaj istniejące wykorzystanie łańcuchów bloków przez Islamski Finanse.

Rozdział 1
Podstawy islamskich finansów

Jednym z najważniejszych celów islamu jest osiągnięcie większej sprawiedliwości w społeczeństwie ludzkim. Według Koranu wszyscy posłańcy Boga zostali wysłani, aby promować sprawiedliwość, a każde społeczeństwo, w którym nie ma sprawiedliwości, ostatecznie zmierza ku upadkowi i zniszczeniu. Jednym z podstawowych warunków zapewnienia sprawiedliwości jest zbiór zasad lub wartości moralnych, które wszyscy wiernie akceptują i przestrzegają. System finansowy może być w stanie promować sprawiedliwość, jeśli oprócz tego, że jest silny i stabilny, spełnia przynajmniej dwa warunki. Jednym z nich jest to, że finansujący powinien także partycypować w ryzyku, aby nie przerzucać całego ciężaru strat na przedsiębiorcę lub kredytobiorcę, a drugim jest to, aby sprawiedliwy udział w zasobach finansowych społeczeństwa stał się dostępny nawet dla ubogich na przystępne warunki zgodne z ich zdolnością do spłaty, aby umożliwić im realizację marzeń o posiadaniu własnego domu, kontynuowaniu studiów wyższych i szkoleniach zawodowych oraz zakładaniu własnych mikroprzedsiębiorstw.

Aby spełnić pierwszy warunek sprawiedliwości, islam wymaga, aby zarówno finansista, jak i przedsiębiorca sprawiedliwie dzielili się zyskiem i stratą. W tym celu jedną z podstawowych zasad Islamskich Finansów jest: „Bez ryzyka nie ma zysku". Powinno to pomóc wprowadzić większą dyscyplinę do systemu finansowego poprzez motywowanie instytucji finansowych do dokładniejszej oceny ryzyka i skutecznego monitorowania wykorzystania funduszy przez kredytobiorców. Podwójna ocena ryzyka zarówno przez finansistę, jak i przedsiębiorcę powinna pomóc wprowadzić większą dyscyplinę do systemu i przejść długą drogę nie tylko w zakresie zwiększenia efektywności wykorzystania zasobów, ale także ograniczenia nadmiernej akcji kredytowej.

Islamskie finanse opierają się na szariatu , arabskim pojęciu, które często tłumaczy się na „prawo islamskie". Szariat zawiera wytyczne dotyczące różnych aspektów życia muzułmanów, w tym religii, polityki, ekonomii, bankowości, biznesu i prawa. Finansowanie zgodne z szariatem (SCF) to praktyki finansowe zgodne z prawem islamskim.

Islamskie finanse były praktykowane głównie w świecie muzułmańskim przez całe średniowiecze, wspierając handel i działalność gospodarczą wraz z rozwojem kredytu. W Hiszpanii oraz krajach śródziemnomorskich i bałtyckich kupcy islamscy stali się niezbędnymi pośrednikami w działalności handlowej. W rzeczywistości wiele koncepcji, technik i instrumentów islamskich finansów zostało później przyjętych przez europejskich finansistów i biznesmenów.

Natomiast termin „islamski system finansowy" jest stosunkowo nowy, pojawił się dopiero w połowie lat 80. XX wieku. W rzeczywistości wszystkie wcześniejsze odniesienia do działalności komercyjnej lub kupieckiej zgodnej z zasadami islamu były czynione pod parasolem „bezodsetkowej" lub „islamskiej" bankowości. Jednak opisanie islamskiego systemu finansowego po prostu jako „nieoprocentowanego" nie daje prawdziwego obrazu systemu jako całości. Niewątpliwie sednem systemu jest zakaz otrzymywania i płacenia odsetek, ale wspierają go inne zasady doktryny islamskiej, głoszące dzielenie ryzyka, prawa i obowiązki jednostek, prawa własności i świętość umów.

Podobnie islamski system finansowy nie ogranicza się do bankowości, ale obejmuje tworzenie kapitału, rynki kapitałowe i wszelkiego rodzaju pośrednictwo finansowe. Interpretowanie systemu jako „nieoprocentowanego" zwykle wprowadza zamieszanie. Filozoficzne podstawy islamskiego systemu finansowego wykraczają poza interakcję czynników produkcji i zachowań ekonomicznych. Podczas gdy konwencjonalny system finansowy koncentruje się głównie na ekonomicznych i finansowych aspektach transakcji, system islamski kładzie równy nacisk na wymiar etyczny, moralny, społeczny i religijny, aby zwiększyć równość i sprawiedliwość dla dobra społeczeństwa jako całości. System można w pełni docenić jedynie w kontekście nauk islamu dotyczących etyki pracy, podziału bogactwa, sprawiedliwości społecznej i ekonomicznej oraz roli państwa.

Islamski system finansowy opiera się na bezwzględnym zakazie płatności lub otrzymywania jakiejkolwiek z góry określonej, gwarantowanej stopy zwrotu. Zamyka to drzwi do pojęcia odsetek i wyklucza stosowanie instrumentów dłużnych. System zachęca do dzielenia ryzyka, promuje przedsiębiorczość, zniechęca do spekulacji i podkreśla świętość umów. Współczesne finanse islamskie istnieją na arenie międzynarodowej od lat siedemdziesiątych. Obecnie Islamska Finanse reprezentuje mały, ale rosnący segment globalnego przemysłu finansowego.

W ostatnich latach SCF rozszerzył się na inne części świata. Islamskie finanse rozwijają się w Europie i Ameryce Północnej, obszarach, w których muzułmanie stanowią mniejszość. W sierpniu 2004 r. brytyjski Urząd ds. Usług Finansowych (FSA) zatwierdził licencję bankową dla Islamskiego Banku Wielkiej Brytanii (IBB), pierwszego islamskiego banku w tym kraju. IBB będzie służyć rynkowi konsumenckiemu produktami zgodnymi z szariatem . W marcu 2006 roku FSA udzieliła licencji Europejskiemu Islamskiemu Bankowi Inwestycyjnemu jako pierwszemu niezależnemu bankowi w Wielkiej Brytanii dla inwestycji zgodnych z szariatem . W 1999 roku Dow Jones zaprezentował swój pierwszy indeks rynku islamskiego, który śledzi na całym świecie akcje zgodne z prawem szariatu. Dow Jones utrzymuje ponad 70 indeksów w swojej serii islamskiej i korzysta z doradztwa niezależnego doradcy Rady Nadzorczej Szariatu.

1. Zdefiniowano prawo szariatu

Prawo szariatu (lub islamskie) ma regulować wszystkie aspekty stylu życia muzułmanów. Zasadniczo dzieli się na dwa zestawy zasad: jedna dotyczy obowiązkowego kultu Boga (ibadah), a druga życia codziennego poza kontekstem obowiązkowego kultu (muamalat), w tym stosunków handlowych i finansowych. Szariat nie jest skodyfikowanym zbiorem prawa. Składa się z ogólnych reguł i zasad wywodzących się z Koranu (świętej muzułmańskiej księgi), praktyk (sunna) i powiedzeń (hadith) Proroka Mahometa (omówione szczegółowo poniżej). Te ogólne zasady można interpretować i rozwijać w celu odniesienia się do nowych problemów lub okoliczności, które pojawiają się od czasu do czasu. Rzeczywiście, szariat został uzupełniony przez rozległe islamskie prawoznawstwo (fiqh) rozwijane na przestrzeni wieków przez różne szkoły myślenia (madhaa'hib). Kluczową kwestią do odnotowania jest to, że chociaż wszystkie szkoły myślenia zgadzają się co do fundamentalnych zasad szariatu zapisanych w Koranie, sunnie i hadisach, czasami mają różne poglądy na temat ich interpretacji i zastosowania.

2. Źródła prawa szariatu

Shari'ahl aw pochodzi z wielu źródeł pierwotnych i wtórnych

- Koran

Koran jest głównym źródłem prawa i według muzułmanów zawiera słowo Boże objawione Prorokowi Mahometowi. Dowody znalezione w innych źródłach prawa szariatu podlegają Koranowi.

- Sunna

Sunny dosłownie oznacza „dobrze znaną ścieżkę". Sunna jest głównym źródłem prawa i zawiera tradycyjne opisy tego, co powiedział lub zrobił Prorok Mahomet w ciągu swojego życia

Które mają treść prawną. Sunna zawiera również wypowiedzi innych, milcząco zatwierdzone przez milczenie Proroka.

- Hadis

Kolejnym podstawowym źródłem prawa jest narracyjny zapis wypowiedzi i działań proroka Mahometa, znany jako hadis (liczba mnoga hadisów). Stopień, w jakim sunna jest pochodną lub różnicą z hadisu, zależy od rozważanego kontekstu i szkoły myślenia.

- Qiyas

Qiyas reprezentuje proces rozumowania, w którym zasady zawarte w Koranie i Sunny są przez analogię rozszerzane na nowe przypadki.

- Idżma

Ijma reprezentuje konsensus społeczności islamskiej (zarówno na lokalnym, jak i globalnym poziomie akademickim) w określonej sprawie.

- Idżtihad

Idżtihad to interpretacja i opinia prawników islamskich w określonej sprawie. Qiyas, ijma i ijtihad są wtórnymi źródłami prawa szariatu .

3. Kwestie związane z interpretacją i stosowaniem prawa szariatu

Ponieważ prawo szariatu nie jest jednym skodyfikowanym zbiorem prawa i jest otwarte na interpretację, opinie uczonych szariatu mogą się różnić w tej samej kwestii prawa szariatu , w zależności od szkoły myślenia, do której należą poszczególni uczeni. Ponadto poglądy uczonych w kwestiach prawa szariatu mogą z czasem ulec zmianie. Może to prowadzić do niepewności i niespójności interpretacji i stosowania prawa szariatu w świecie islamskim.

A. **Kluczowe zasady i zakazy szariatu dotyczące finansów**

Istnieje szereg kluczowych zasad i zakazów szariatu dotyczących finansów i transakcji handlowych, które odróżniają Islamskie Finanse od form konwencjonalnych. Dla kompletności należy wspomnieć, że w islamie istnieją dwie główne gałęzie: sunnizm i szyizm . Większość muzułmanów to sunnici , a poniższe informacje ograniczają się do omówienia ogólnych zasad szariatu dotyczących finansów islamu w ramach orzecznictwa sunnickiego . Kluczowe zasady szariatu , które leżą u podstaw Islamskich Finansów i które doprowadziły do stworzenia odrębnej branży finansowej, są następujące :

- Zakaz lichwy i odsetek (riba)

Zakaz odsetek. Zakaz riba , termin dosłownie oznaczający „nadmiar" i interpretowany jako „każdy nieuzasadniony wzrost kapitału, czy to w pożyczkach, czy w sprzedaży", jest centralną zasadą systemu. Dokładniej, każda dodatnia, stała, z góry określona stopa powiązana z terminem zapadalności i kwotą kapitału (tj. gwarantowana niezależnie od wyników inwestycji) jest uważana za riba i jest zabroniona. Ogólny konsensus wśród uczonych islamskich jest taki, że riba obejmuje nie tylko lichwę, ale także naliczanie „odsetek" jako powszechnie praktykowane. Zakaz ten opiera się na argumentach sprawiedliwości społecznej, równości i praw własności. Islam zachęca do osiągania zysków, ale zabrania pobierania odsetek, ponieważ zyski, określane ex post, symbolizują udaną przedsiębiorczość i tworzenie dodatkowego bogactwa, podczas gdy odsetki, określane ex ante, są kosztem, który jest naliczany niezależnie od wyniku operacji biznesowych i nie może tworzyć bogactwo, jeśli występują straty biznesowe. Sprawiedliwość społeczna wymaga, aby pożyczkobiorcy i pożyczkodawcy dzielili się nagrodami i stratami w sprawiedliwy sposób oraz aby proces akumulacji i dystrybucji bogactwa w gospodarce był sprawiedliwy i reprezentatywny dla prawdziwej produktywności.

Zgodnie z szariatem nie wolno naliczać, płacić ani otrzymywać odsetek. Szariat nie uznaje wartości pieniądza w czasie i dlatego nie wolno zarabiać na pożyczaniu pieniędzy. Pieniądze muszą być wykorzystywane do tworzenia rzeczywistej wartości ekonomicznej i dozwolone jest tylko zarabianie na inwestowaniu pieniędzy w dozwolone działania komercyjne, które wiążą się z podjęciem pewnego ryzyka handlowego przez finansującego lub inwestora. Zakaz ten jest główną siłą napędową rozwoju nowoczesnego islamskiego przemysłu finansowego. Riba może przybrać jedną z dwóch form : riba alnaseeyah i riba alfadl .

1- Riba alnaseeyah to kwota nadwyżki otrzymana przez pożyczkodawcę oprócz kwoty pożyczonego kapitału. Ten rodzaj riba jest porównywalny z tradycyjną koncepcją zainteresowania konwencjonalną działalnością pożyczkową.

2- Drugi rodzaj, riba alfadl , to nadmierna rekompensata bez jakiejkolwiek formy wynagrodzenia w zamian.

W nowoczesnych finansach riba alfadl może mieć zastosowanie do kilku kontraktów wymiany towarów.

Chodzi o to, aby wypłacane odszkodowanie było uzasadnione lub skojarzone z konkretną działalnością, a zwrot powinien wiązać się również z określonym ryzykiem. Dlatego, gdy strony wymieniają towary o podobnej wartości, a jedna ze stron płaci drugiej stronie nadmierną rekompensatę, jest to uważane za riba .

- Zakaz czerpania korzyści ze spekulacji (mayseer)

Nie wolno zarabiać na spekulacji. Hazard jest zatem zabroniony na mocy szariatu . Wszelkie umowy lub porozumienia, które zawierają spekulacje, są również niedozwolone. To powiedziawszy, zgodnie z szariatem przyjmuje się, że w większości porozumień handlowych istnieje element spekulacji i, w przeciwieństwie do absolutnego zakazu odsetek, jest to kwestia stopnia spekulacji i tego, czy intencją transakcji jest osiągnąć zysk z jakiegoś produktywnego wysiłku lub czysto spekulacji.

W praktyce rozróżnienie między zakazanymi spekulacjami a legalnymi spekulacjami handlowymi nie zawsze jest jasne i istnieją przykłady, w których odróżnienie tych dwóch może być trudne. Na przykład, ogólnie przyjmuje się, że dozwolone jest dokonywanie inwestycji kapitałowych w spółkę Podejmowanie działalności gospodarczej dozwolonej na mocy szariatu w celu realizacji przyszłych dywidend i zysków kapitałowych z inwestycji. Istnieje oczywiście pewien stopień spekulacji handlowych na temat przyszłych perspektyw spółki, gdy inwestor dokonuje inwestycji kapitałowej, ale to, czy takie spekulacje są dopuszczalne, czy nie, zależałoby od intencji inwestora, tj. zamiaru dokonania szybkiego zysku, spekulując na temat prawdopodobnego ruchu ceny akcji w bardzo krótkim okresie czasu (co prawdopodobnie ma miejsce w przypadku handlu dziennego), czy też decyzja została podjęta na podstawie starannej oceny wyników i perspektyw spółki w przeszłości? na drugim końcu spektrum instrumenty pochodne na akcje, takie jak instrumenty pochodne indeksowane, są ogólnie postrzegane jako niedopuszczalne w świetle szariatu , ponieważ wiążą się ze spekulacjami na temat ruchu indeksu akcji.

- Brak niepewności (gharar) w transakcjach handlowych

Pewność warunków każdej transakcji jest kluczowym wymogiem szariatu . Podobnie jak w przypadku spekulacji, dopuszczalny jest pewien stopień niepewności handlowej, ale nie może być żadnej niepewności co do kluczowych warunków transakcji. Na przykład w transakcji sprzedaży aktywów umowa sprzedaży powinna określać jasny opis sprzedawanych aktywów, cenę sprzedaży i czas dostarczenia aktywów nabywcy. Podobnie umowa leasingu musi jasno określać aktywa, które są przedmiotem leasingu, czas trwania leasingu oraz czynsz należny z tytułu leasingu. Jednym z powodów, dla których konwencjonalne umowy ubezpieczeniowe nie są uznawane za dopuszczalne na mocy szariatu , jest to, że nie ma pewności, kiedy roszczenie zostanie wypłacone, biorąc pod uwagę, że nie ma możliwości dowiedzenia się, czy i kiedy zdarzenie objęte ubezpieczeniem nastąpi. W kontekście współczesnych finansów islamskich, kluczowymi przykładami gharar są :

1- Doradzanie klientowi nabycia akcji określonej spółki będącej przedmiotem oferty przejęcia, ze względu na spodziewany wzrost ceny jej akcji;

2- Kupno domu, którego cena zostanie określona w przyszłości;

3- Gdy przedmiot lub specyfikacje umowy są nieznane; oraz

4- Odroczona płatność w ramach umowy, w której odroczenie następuje na czas nieokreślony.

- Cała aktywność musi odbywać się w dozwolonych celach (halal)

Muzułmanie nie mogą angażować się (ani czerpać z nich żadnych korzyści) czynności, które są zakazane na mocy szariatu . W związku z tym muzułmanie nie mogą inwestować w przedsiębiorstwa prowadzące działalność zabronioną, takie jak kasyna, browary czy fabryki wyrobów wieprzowych. Niedopuszczalne jest również, aby banki islamskie zapewniały jakiekolwiek finansowanie takim firmom. Jednak bardzo ścisła interpretacja tych zasad oznaczałaby, że muzułmanie mogliby inwestować tylko w bardzo ograniczoną liczbę przedsiębiorstw na arenie międzynarodowej. Na przykład niedopuszczalne byłoby, aby muzułmanie inwestowali w hotel serwujący alkohol, firmę spożywczą, która produkuje również produkty wieprzowe w ramach swojego asortymentu ani w jakąkolwiek firmę, która pożycza lub pożycza pieniądze na procent.

W świetle praktycznych rozważań dotyczących handlu międzynarodowego oraz w celu umożliwienia muzułmańskim inwestorom udziału w nim, wielu wybitnych uczonych szariatu wysunęło pogląd, że muzułmanie mogą inwestować w firmy lub firmy, które nie są całkowicie szariackie . ah posłuszny, o ile spełnione są pewne warunki. Warunki te obejmują (między innymi):

1- Główna działalność gospodarcza musi być dozwolona na mocy szariatu ;

2- Wszelkie dochody pochodzące z zabronionych działań powinny stanowić tylko niewielki procent całkowitego dochodu firmy lub firmy (ten procent waha się od 5 do 20 procent całkowitego dochodu w zależności od charakteru zabronionej działalności i szariatu). zaangażowani naukowcy);

3- Łączna kwota oprocentowanego długu zaciągniętego przez firmę lub firmę nie może przekraczać określonego procentu

jego aktywa lub kapitalizacja rynkowa (istnieją spory między uczonymi szariatu co do tego, jaki procent jest akceptowalny i waha się od 25 do 35 procent całości aktywów lub kapitalizacji rynkowej w zależności od zaangażowanych uczonych); oraz

4 Należności firmy z tytułu prowadzonej działalności nie mogą przekraczać określonego procentu jej aktywów lub kapitalizacji rynkowej (zwykle ustalonej między 25 a 33 procent).

- Zarabianie pieniędzy z pieniędzy jest niedozwolone

Jednym z błędnych założeń, na których opierają się wszystkie teorie odsetek, jest to, że pieniądz jest towarem. Dlatego argumentuje się, że tak jak kupiec może sprzedać swój towar za cenę wyższą niż jego koszt, może on również sprzedać swoje pieniądze za cenę wyższą niż ich wartość nominalna, lub tak jak może wydzierżawić swoją nieruchomość i pobrać opłatę czynsz od niego może również pożyczać pieniądze i żądać od nich odsetek. Jednakże zasady islamskie nie zgadzają się z tym domniemaniem. Pieniądz i towar mają różne cechy i dlatego są traktowane odmiennie.

Podstawowe punkty różnicy między pieniędzmi a towarami:-

1- Pieniądze nie mają wewnętrznej użyteczności. Nie może być wykorzystana do bezpośredniego zaspokojenia ludzkich potrzeb. Można go używać tylko do nabywania niektórych towarów lub usług. Z drugiej strony towar ma wewnętrzną użyteczność i może być wykorzystany bezpośrednio bez wymiany na coś innego.

2. Towary mogą mieć różne cechy, podczas gdy pieniądz nie ma żadnej jakości poza tym, że jest miarą wartości lub środkiem wymiany. Dlatego wszystkie jednostki pieniężne tego samego nominału są w stu procentach sobie równe. Stara i brudna nuta SR.100 ma taką samą wartość jak zupełnie nowa nuta SR.100.

3- W towarach transakcje kupna-sprzedaży dokonywane są na zidentyfikowanym konkretnym towarze. Jeśli A kupił konkretny samochód, wskazując go, a sprzedawca się na to zgodził, zasługuje na otrzymanie tego samego samochodu. Sprzedający nie może zmusić go do odebrania innego samochodu, chociaż tego samego typu lub jakości. Wręcz przeciwnie, nie można wskazać pieniędzy w transakcji wymiany. Jeśli A kupił towar od B, pokazując mu konkretny banknot o wartości 100 SR.100, nadal może zapłacić mu inny banknot o tym samym nominale.

Opierając się na tych podstawowych różnicach, islamski szariat traktuje pieniądze inaczej niż towary, zwłaszcza pod dwoma względami: po pierwsze, pieniądz (tego samego nominału) nie jest przedmiotem handlu, jak inne towary. Jego użycie zostało ograniczone do podstawowego celu, tj. do działania jako środek wymiany i miara wartości. Po drugie, jeśli z wyjątkowych powodów pieniądze muszą być wymieniane na pieniądze lub pożyczane, zapłata po obu stronach musi być równa, aby nie były wykorzystywane do celów, do których nie są przeznaczone, tj. do handlu samymi pieniędzmi. Krótko mówiąc, pieniądz jest traktowany jako kapitał „potencjalny". Staje się rzeczywistym kapitałem dopiero wtedy, gdy połączy ręce z innymi zasobami, aby podjąć działalność produkcyjną. Islam uznaje wartość pieniądza w czasie, ale tylko wtedy, gdy działa on jako kapitał, a nie wtedy, gdy jest kapitałem „potencjalnym".

B. Regulacja finansów islamskich

Instytucje finansowe, które chcą oferować produkty zgodne z szariatem , zazwyczaj mają radę nadzorczą szariatu (lub przynajmniej doradcę szariatu). Zarząd szariatu ma dokonywać przeglądu i zatwierdzać praktyki i działania finansowe pod kątem zgodności z zasadami islamu. Taka wiedza podnosi atrakcyjność pośredników finansowych przestrzegających szariatu dla inwestorów rozważających bankowość islamską . Instytucje międzynarodowe zostały ustanowione w celu promowania międzynarodowej spójności w finansach islamskich. Organizacja Rachunkowości i Audytu dla Islamskich Instytucji Finansowych (AAOIFI), założona w 1991 roku z siedzibą w Bahrajnie, wydaje międzynarodowe standardy dotyczące rachunkowości, audytu i ładu korporacyjnego. Ma 200 członków z 45 krajów; jej członkowie obejmują banki centralne, islamskie instytucje finansowe i inne organy islamskiego sektora bankowego i finansowego. Innym organem regulacyjnym jest Islamska Rada Usług Finansowych (IFSB), która rozpoczęła działalność w 2003 roku i ma siedzibę w Malezji. IFSB określa standardy nadzoru i regulacji. Wiele wiodących islamskich centrów finansowych na całym świecie przyjęło międzynarodowe standardy regulacji SCF.US. federalne organy nadzoru bankowego przedstawiły pewne formalne wytyczne dotyczące produktów islamskich. Urząd Kontrolera Waluty (OCC) wydał dwie dyrektywy dotyczące produktów hipotecznych zgodnych z szariatem . W 1997 r. OCC wydał wytyczne dotyczące ijara („leasing"), struktury finansowej, w której pośrednik finansowy kupuje, a następnie dzierżawi aktywa konsumentowi za opłatą. W 1999 r. OCC uznał murabaha („koszt plus"), zgodnie z którym pośrednik finansowy kupuje aktywa dla klienta z założeniem, że klient odkupi aktywa za wyższą opłatą.

Standaryzacja przepisów dotyczących finansów islamskich cieszy się coraz większym zainteresowaniem w branży. Szariat jest otwarty na interpretację, a uczeni islamscy nie są całkowicie zgodni co do tego, co stanowi SCF. Islamskie przepisy finansowe i praktyki regulacyjne różnią się w zależności od kraju. Brak zbieżnych punktów widzenia utrudnia standaryzację finansowania islamskiego.

Standaryzacja również może być trudna, ponieważ dojrzałość rynków Islamskich Finansów różni się w zależności od kraju, przy czym niektóre rynki są ugruntowane, a inne dopiero powstają. Bez standaryzacji niektórzy przedstawiciele branży wyrażają obawy, że ryzyko przestrzegania szariatu może wzrosnąć. Brak standaryzacji na islamskich rynkach finansowych rodzi niepewność prawną, że kontrakt nie zostanie uznany za ważny zgodnie z prawem islamskim przez wszystkich islamskich uczonych. Ta niepewność została podkreślona przez niedawny spór między libańskim Blom Bank i kuwejcką islamską firmą Investment Dar o to, czy umowa między tymi dwoma podmiotami jest zgodna z zasadami islamu i czy należy dokonać płatności. Wielu obserwatorów uważa, że standaryzacja przepisów dotyczących SCF jest ważna w zwiększaniu zbywalności i akceptacji produktów islamskich. Na przestrzeni lat pojawiło się wiele inicjatyw mających na celu poprawę praktyk regulacyjnych. Na przykład w 2009 roku IFSB opublikowała wytyczne dotyczące takich kwestii, jak wymogi dotyczące zarządzania i adekwatności kapitałowej dla różnych produktów finansowych . AAOIFI jest w trakcie opracowywania nowych standardów w zakresie zarządzania ryzykiem i ładu korporacyjnego.

1. Podstawowe islamskie instrumenty finansowe

Rynki islamskie oferują różne instrumenty, aby na różne sposoby zadowolić dostawców i użytkowników funduszy: sprzedaż, finansowanie handlu i inwestycje. Podstawowe instrumenty obejmują finansowanie koszt plus (Murabaha), udział w zyskach (mudaraba), leasing (ijara), partnerstwo (musharaka) oraz sprzedaż na oddziale (bay'salam), sprzedaż z odroczonym terminem płatności (bay'mu'ajjal) oraz Kontrakty sprzedaży z odroczonym terminem dostawy (bay'salam) oprócz sprzedaży spot są wykorzystywane do prowadzenia sprzedaży kredytowej. W sprzedaży z odroczonym terminem płatności dostawa towaru odbywa się na miejscu, ale dostawa płatności jest opóźniona o uzgodniony okres. Płatności można dokonać ryczałtowo lub w ratach, pod warunkiem, że nie ma dodatkowej opłaty za opóźnienie. Sprzedaż z odroczoną dostawą jest podobna do kontraktu forward, w którym dostawa produktu następuje w przyszłości w zamian za zapłatę na rynku spot. (Iqbal, 1997)

Instrumenty te służą jako podstawowe elementy budulcowe do opracowania szerokiej gamy bardziej złożonych instrumentów finansowych, co sugeruje, że istnieje duży potencjał innowacji finansowych i ekspansji na islamskich rynkach finansowych.

Istnieje kilka metod finansowania islamskiego. Jednak w świecie finansowania komercyjnego, aw szczególności finansowania projektów, niektóre metody są częściej spotykane niż inne. Zostały one przedstawione poniżej.

A. Handluj z marżą lub sprzedażą koszt plus (murabaha). Jeden z najczęściej stosowanych instrumentów finansowania krótkoterminowego oparty jest na tradycyjnym pojęciu finansowania zakupu. Inwestor zobowiązuje się do dostarczenia określonych towarów lub towarów, zawierając wspólnie uzgodnioną umowę odsprzedaży klientowi oraz wynegocjowaną przez obie strony marżę.

Około 75 procent islamskich transakcji finansowych to sprzedaż koszt plus.

Murabaha była pierwotnie transakcją wymiany, w której handlowiec kupuje przedmioty wymagane przez użytkownika końcowego. Następnie przedsiębiorca sprzedaje te przedmioty użytkownikowi końcowemu po cenie, która jest obliczana na podstawie uzgodnionej marży zysku ponad koszty poniesione przez przedsiębiorcę.

Aby być w zgodzie z zasadami Islamskiej Finansów regulującymi transakcje wymiany, każda transakcja Murabaha musi spełniać następujące warunki:

Transakcje Murabaha mogą być podejmowane tylko wtedy, gdy klient banku lub instytucji finansowej chce kupić towar. Transakcja tego typu nie może być dokonana w przypadku, gdy klient chce pozyskać środki na inny cel niż zakup towaru, jak wypłata wynagrodzeń, rozliczenie rachunków lub innych zobowiązań.

Aby transakcja była ważna, konieczne jest, aby towar był rzeczywiście zakupiony przez bank i wchodził w posiadanie (fizyczne lub konstruktywne) banku, aby mógł on przejąć ryzyko związane z towarem, o ile pozostaje on pod jego własność i posiadanie.

Po nabyciu własności i posiadania towaru należy go sprzedać klientowi w drodze ważnej sprzedaży.

Niektóre kwartały utożsamiają transakcje murabahah z pożyczkami oprocentowanymi. Istnieje jednak wiele istotnych czynników, które odróżniają kontrakt na murabaha od kontraktu opartego na riba . Niektóre z nich to:

W przypadku niewykonania zobowiązania przez użytkownika końcowego, finansujący może odwołać się tylko do finansowanych pozycji i nie można zastosować żadnej dodatkowej marży ani kary do zaległej kwoty. Oznacza to, że kwota do spłaty nie rośnie wraz z upływem czasu, jak w przypadku kwot pożyczanych w zwykłych bankach na odsetki. Również w przypadku finansowania konwencjonalnego bank udziela pożyczek swoim klientom, nie martwiąc się o to, w jaki sposób pieniądze są wykorzystywane.

W przypadku transakcji murabahah klientowi nie są pożyczane żadne pieniądze. Zamiast tego finansujący sam kupuje towar, w oparciu o wymagania klienta. Gwarantuje to, że finansowanie jest zawsze oparte na aktywach. W efekcie ten rodzaj finansowania tworzy nieruchomości i zapasy . Kolejną istotną różnicą między umową murabahah a umową oprocentowaną jest to, że finansujący nie może być obojętny na cele, dla których leasingowany składnik aktywów ma być oddany do użytku. Konwencjonalne banki nie mają żadnych skrupułów w udzielaniu pożyczek domom hazardowym, firmom monopolowym, a nawet twórcom filmów pornograficznych. Islamskie zasady finansów opierają się na ugruntowanej zasadzie, która mówi, że „Korzyścią z danej rzeczy jest zwrot z odpowiedzialności za stratę z tego tytułu. rzecz". W związku z tym w transakcji murabahah bank lub finansista przejmuje ryzyko, kupując towar, zanim sprzeda go z marżą. Ta marża jest uważana za nagrodę za ryzyko, które podejmuje. Oprocentowane pożyczki nie wiążą się z żadnym ryzykiem. Innymi słowy, ponieważ bank przejmuje tytuł własności do towaru, a więc zajmuje się kupnem i sprzedażą, jego zysk pochodzi z realnej usługi, która wiąże się z pewnym ryzykiem. Ten aspekt nadaje legitymacji transakcji.

Większość naukowców orzekła, że aby odstraszyć osoby, które mogą umyślnie opóźniać płatności, podmiot finansujący może skłonić kupującego do wyrażenia zgody, w momencie zawierania umowy, na dokonanie z góry określonej darowizny na uzgodnioną organizację charytatywną w przypadku spóźnienia spłata miesięcznych rat.

Uczeni ci jednak ostrzegają, że to urządzenie powinno być używane w minimalnym stopniu i tylko w przypadkach, gdy musharakah lub mudarabah z tego czy innego powodu są niewykonalne.

B. Umowa o podziale zysków (mudaraba). Jest to identyczne z funduszem inwestycyjnym, w którym zarządzający zarządzają pulą środków. Agent-menedżer ma stosunkowo ograniczoną odpowiedzialność, a jednocześnie ma wystarczające bodźce do działania. Kapitał jest inwestowany w szeroko rozumianą działalność, a warunki podziału zysku i ryzyka są dostosowywane do każdej inwestycji. Struktura zapadalności waha się od krótko do średnioterminowej i jest bardziej odpowiednia dla działalności handlowej.

Mudaraba oznacza umowę między dwiema stronami, w której jedna strona, rabb al-mal (właściciel rzeczywisty lub śpiący partner), powierza pieniądze drugiej stronie zwanej mudarib (powiernik zarządzający lub partner w pracy). Mudarib ma z niego korzystać w uzgodniony sposób, a następnie zwraca rabinowi al- malowi zleceniodawcę i ustaloną część zysku. Zachowuje dla siebie to, co zostało z takich zysków.

Poniższe zasady muszą regulować wszystkie transakcje Mudaraba . Podział zysków między obie strony musi koniecznie być proporcjonalny i nie może być kwotą ryczałtową ani gwarantowanym zwrotem.

- Inwestor nie ponosi odpowiedzialności za straty przekraczające wniesiony przez siebie kapitał. Mudarib nie ma udziału w stratach, z wyjątkiem straty czasu i wysiłku.

- Krótko mówiąc, islamski bank pożycza pieniądze klientowi na przykład na sfinansowanie fabryki, w zamian za co bank otrzyma określony procent zysków netto fabryki co roku przez określony czas. Ta część zysków zapewnia spłatę kapitału i zysk, który bank przekaże swoim deponentom. Jeżeli fabryka straci pieniądze, bank, jego deponenci i pożyczkobiorca wspólnie pokryją straty, wprowadzając w życie kluczową islamską zasadę, że dostawcy i użytkownicy kapitału powinni dzielić ryzyko i korzyści.

Banki islamskie wykorzystują ten instrument do finansowania tych, którzy poszukują inwestycji w prowadzenie własnych przedsiębiorstw lub jednostek zawodowych, niezależnie od tego, czy są to lekarze, inżynierowie, handlarze czy rzemieślnicy. Bank jako właściciel kapitału zapewnia odpowiednie finansowanie w zamian za udział w uzgodnionym zysku.

Warto zauważyć, że ten tryb jest dużym ryzykiem dla banku, ponieważ bank dostarcza kapitał mudaribowi , który podejmuje pracę i zarządzanie, a mudarib będzie gwarantem tylko w przypadku zaniedbania i włamania. Banki islamskie zazwyczaj podejmują niezbędne środki ostrożności, aby zmniejszyć ryzyko i zagwarantować lepszą realizację mudaraba i dążą do tego celu z powagą.

Można jednak zauważyć, że zgodnie z mudarabah odpowiedzialność finansisty jest ograniczona do zakresu jego wkładu w kapitał i nie więcej.

C. Udział kapitałowy (musharaka). Jest to analogiczne do klasycznego joint venture. Zarówno przedsiębiorca, jak i inwestor wnoszą wkład w kapitał (majątek, wiedza techniczna i menedżerska, kapitał obrotowy,

itp.) operacji w różnym stopniu i zgadzają się na podział zysków (a także ryzyka) w ustalonych z góry proporcjach. Tradycyjnie ta forma transakcji wykorzystywana była do finansowania środków trwałych i kapitału obrotowego o średnio- i długoterminowym okresie zapadalności.

Musharaka to partnerstwo, zwykle o ograniczonym czasie trwania, utworzone w celu realizacji określonego projektu.

Jest zatem podobny do joint venture w stylu zachodnim i jest również uważany przez niektórych za najczystszą formę islamskiego instrumentu finansowego, ponieważ jest zgodny z podstawowymi zasadami partnerstwa w zakresie dzielenia się ryzykiem i czerpania z niego korzyści. Udział w musharace może być albo w nowym projekcie, albo poprzez zapewnienie dodatkowych środków na już istniejący. Zyski są dzielone na z góry ustalonych zasadach, a wszelkie straty dzielone proporcjonalnie do wkładu kapitałowego. W takim przypadku bank wchodzi w spółkę z klientem, w której obaj dzielą kapitał własny – a może nawet zarządzanie

– projektem lub transakcją, i obaj uczestniczą w zyskach lub stratach zgodnie z posiadanym udziałem w kapitale. Istnieją dwa podstawowe rodzaje musharaki :

- Sharikah al milk: partnerstwo oparte na współwłasności. Może to być dobrowolne np. przy zakupie statku lub niedobrowolne

np. w wyniku dziedziczenia.

- Sharikah al uqud : partnerstwo oparte na stosunku umownym.

Istnieje pięć podpodziałów:

1. Sharikat al Mufawadah (pełna władza i obowiązek): spółka komandytowa z równymi wkładami kapitałowymi, odpowiedzialnością, pełną władzą w imieniu innych oraz odpowiedzialnością za zobowiązania zaciągnięte w normalnym toku działalności.

2. Sharikat al Inan (ograniczony organ i obowiązek): spółka komandytowa z nierównymi wkładami kapitałowymi. Nie ponoszą jednakowej odpowiedzialności, co odzwierciedla ich udział w zyskach.

3. Sharikat al Wujuh (reputacja/zdolność kredytowa): firmy oparte na reputacji jednej lub obu stron, zazwyczaj małe firmy.

4. Sharikat al Abdan (praca , umiejętności i zarządzanie): firma oparta na wkładzie ludzkich wysiłków, bez wkładów kapitałowych, znowu typowa działalność na małą skalę.

5. Sharikat al Mudaraba : mudaraba

D. Leasing (ijara). Innym popularnym instrumentem, stanowiącym około 10 procent islamskich transakcji finansowych, jest leasing. Leasing jest przeznaczony do finansowania pojazdów, maszyn, urządzeń i samolotów.

Dopuszczalne są różne formy leasingu, w tym leasing, w którym:

część raty przeznaczana jest na finalny zakup (z przeniesieniem własności na leasingobiorcę).

Ijarah można zdefiniować jako proces, w którym „użycie określonej nieruchomości jest przenoszone na inną osobę w zamian za czynsz od niej/jej". Pod wieloma względami Ijarah przypomina leasing praktykowany w dzisiejszym świecie komercyjnym. Cechą wyróżniającą ten tryb jest to, że aktywa pozostają własnością banku islamskiego, który wystawia je na wynajem za każdym razem, gdy kończy się okres najmu, aby nie pozostawały niewykorzystane przez długi czas. Zgodnie z ijarah bank lub firma leasingowa ponosi ryzyko recesji lub zmniejszenia popytu na te aktywa.

Aby być w zgodzie z zasadami Islamskiego Finansów regulującymi transakcje finansowe, każda transakcja ijarah musi spełniać następujące warunki. (Ghuddah , 1998; Usmani & Zubairi , 2002)

- Warunkiem jest, aby przedmiot leasingu nie podlegał szybkiemu psuciu się ani nie był przeznaczony do konsumpcji.
- Leasing dotyczy użytkowania, a nie zużycia środka trwałego.
- Jest to warunek, że przedmiot umowy musi być faktycznie i prawnie osiągalny. Niedopuszczalne jest wynajmowanie czegoś, czego nie można dostarczyć.

- Najemca musi zapewnić, że składnik aktywów jest używany zgodnie z przeznaczeniem. Najemca zobowiązany jest do przestrzegania postanowień umowy. Najemca również nie będzie czerpał korzyści z aktywa w sposób większy niż to, co zostało uzgodnione.

- Niedozwolone jest wynajmowanie nieruchomości z przeznaczeniem na bank lub bar. Dozwolone jest jednak wydzierżawianie nieruchomości osobom, których główna działalność jest dozwolona lub halal, nawet jeśli obejmuje ona pewne wtórnie zabronione praktyki.

- Leasingodawca musi nie tylko dostarczyć składnik aktywów na czas, w dniu rozpoczęcia leasingu, ale także zapewnić, aby leasingodawca dostarczył również te akcesoria, które są niezbędne do czerpania korzyści przez leasingobiorcę z aktywów zgodnie z normami.

- Umowa najmu musi jasno określać okres najmu. Warunki odnowienia muszą być również jasno określone, a takie rzeczy, jak czynsze na wszystkie kolejne lata, po pierwszym roku, nie powinny zawierać klauzul takich jak „pozostawione do wyłącznego uznania wynajmującego" i tym podobnych.

- Wynajem musi być pieniędzmi. Czynsz najmu jest należny od dnia otrzymania przedmiotu leasingu przez leasingobiorcę, a nie od daty podpisania umowy.

- Wysokość i termin płatności leasingowych należy wcześniej uzgodnić. Uzgodniony harmonogram i wysokość tych płatności nie muszą być jednak jednolite.

- Dopuszczalne jest, aby obie strony uzgodniły w okresie najmu rewizję okresu najmu lub najmu lub obu. Dzieje się tak, ponieważ umowa najmu występuje okresowo, w przeciwieństwie do umowy sprzedaży, w której przeniesienie własności jest natychmiastowe.

- Leasingodawca ponosi zobowiązania przy leasingu aktywów, takie jak uszkodzenie aktywów, zapłata składki i podstawowe utrzymanie.

- Nie ma sprzeciwu co do upoważnienia najemcy do podjęcia wszystkich powyższych czynności, ale koszty z tego tytułu ponosi wynajmujący/właściciel.

- Wynajmujący/właściciel ponosi wszelkie koszty prawnie wiążącego podstawowego utrzymania i są to czynności, od których zależy trwałość i przydatność przedmiotu leasingu.

Wynajmujący ponosi również koszt wymiany części trwałych. Dopuszczalne jest jednak obciążanie najemcy kosztem zwykłej rutynowej konserwacji, ponieważ koszt ten jest zwykle znany i można go uznać za część najmu.

- Należy określić warunki użytkowania przedmiotu leasingu. Leasingodawca musi posiadać pełne posiadanie i prawo własności do składnika aktywów przed jego leasingiem.

- Nie można z góry ustalić ceny sprzedaży składnika aktywów w momencie wygaśnięcia leasingu. Jednakże leasingodawca i leasingobiorca mogą wyrazić zgodę na kontynuację leasingu lub sprzedaż przedmiotu leasingu leasingobiorcy na podstawie nowej umowy na koniec początkowego okresu leasingu.
- W przypadku opóźnienia w płatności za wynajem, Ijarah może zostać wypowiedziana natychmiast.
- Wynajmujący może dochodzić odszkodowania za wszelkie szkody wyrządzone na przedmiotach leasingu w wyniku niedbalstwa najemcy.

Dosłownie Ijarah oznacza dawanie czegoś na czynsz. Jako termin islamskiego Fiqh, Ijarah może również odnosić się do wynagrodzenia wypłacanego osobie z tytułu świadczonych przez nią usług. W powyższym omówieniu termin Ijarah jest używany w odniesieniu do użytkowania aktywów i nieruchomości, a nie do usług ludzi.

E. Salam jest jednym z podstawowych warunków ważności sprzedaży w szariatu , że towar przeznaczony do sprzedaży musi znajdować się w fizycznym lub konstruktywnym posiadaniu sprzedawcy. Warunek ten ma trzy implikacje:

Po pierwsze, towar musi istnieć; towar, który nie istnieje w momencie sprzedaży, nie może zostać sprzedany.

Po drugie, sprzedający powinien był nabyć prawo własności do tego towaru. Jeśli towar istnieje, ale sprzedawca nie jest jego właścicielem, nie może go nikomu sprzedać.

Po trzecie, samo posiadanie nie wystarczy. Powinien był wejść w posiadanie sprzedawcy, fizycznie lub konstruktywnie. Jeżeli sprzedający posiada towar, ale sam ani przez pośrednika nie uzyskał jego dostawy, nie może go sprzedać.

Istnieją tylko dwa wyjątki od tej ogólnej zasady szariatu

. Jednym jest Salam, a drugim Istisna . Obie są sprzedażą o szczególnym charakterze.

Salam lub Bay-Salaam, jak to się również nazywa, to sprzedaż, w ramach której sprzedawca zobowiązuje się dostarczyć kupującemu określone towary w przyszłości w zamian za zaliczkę, w pełni zapłaconą na miejscu.

Tutaj cena jest płacona gotówką, ale dostawa zakupionego towaru jest odroczona. Kupujący nazywa się „Rabb-us-Salam", sprzedającym jest „ Muslam ilaih ", cena gotówkowa to " ra's - ul -mal", a zakupiony towar jest określany jako " muzułmański fih ".

Szariat zezwala na Salam pod pewnymi warunkami. Podstawowym celem tej sprzedaży było zaspokojenie potrzeb drobnych rolników, którzy potrzebowali pieniędzy na uprawę swoich plonów i wyżywienie rodziny do czasu żniw. Po zakazie riby nie mogli zaciągać lichwiarskich pożyczek. W związku z tym pozwolono im sprzedawać produkty rolne z wyprzedzeniem.

Podobnie kupcy z Arabii eksportowali towary do innych miejsc i importowali inne towary do swojej ojczyzny. Potrzebowali pieniędzy na podjęcie tego typu działalności. Po zakazie riba nie mogli pożyczać od lichwiarzy . Pozwolono im więc na wcześniejsze sprzedawanie towarów. Po otrzymaniu ceny gotówkowej mogliby z łatwością podjąć się wyżej wymienionej działalności. Salam był korzystny dla sprzedającego, ponieważ otrzymał cenę z góry, a także dla kupującego, ponieważ zwykle cena w Salamie była niższa niż cena w sprzedaży spot.

Dopuszczalność Salam stanowiła wyjątek od ogólnej zasady zakazującej sprzedaży terminowej. Dlatego został poddany surowym warunkom.

Warunki Salam:

Dla ważności Salam konieczne jest, aby kupujący zapłacił sprzedającemu całą cenę w momencie dokonywania sprzedaży. Jest to konieczne, ponieważ w przypadku braku pełnej zapłaty przez kupującego będzie to równoznaczne ze sprzedażą długu za dług, co jest wyraźnie zabronione. Co więcej, podstawową mądrością stojącą za dopuszczalnością Salam jest zaspokojenie natychmiastowych potrzeb sprzedawcy. Jeśli cena nie zostanie mu zapłacona w całości, podstawowy cel transakcji zostanie pokonany.

Salam można robić tylko w tych towarach, których jakość i ilość można dokładnie określić. Rzeczy, których jakości lub ilości nie określa specyfikacja, nie mogą być sprzedawane w ramach umowy z Salam. Na przykład kamienie szlachetne nie mogą być sprzedawane na bazie Salam, ponieważ każdy kawałek kamieni szlachetnych zwykle różni się od innych pod względem jakości, rozmiaru lub wagi, a ich dokładna specyfikacja nie jest generalnie możliwa.

Salam nie można wykonać na konkretnym towarze lub produkcie z określonego pola lub gospodarstwa.

Na przykład, jeśli sprzedawca zobowiązuje się dostarczyć pszenicę z określonego pola lub owoc z określonego drzewa, Salam nie będzie ważny, ponieważ istnieje możliwość, że plon z tego konkretnego pola lub owoc tego drzewa zostaną zniszczone przed dostawy, a przy takiej możliwości dostawa pozostaje niepewna. Ta sama zasada dotyczy każdego towaru, którego podaż nie jest pewna. Niezbędne jest, aby jakość towaru (przeznaczonego do zakupu za pośrednictwem Salam) była w pełni określona, nie pozostawiając żadnych niejasności, które mogą prowadzić do sporu. Wszystkie możliwe szczegóły w tym zakresie muszą być wyraźnie wymienione.

Konieczne jest również jednoznaczne uzgodnienie ilości towaru. Jeśli towar jest określany ilościowo w wagach zgodnie ze sposobem wykorzystania przez jego handlowców, należy określić jego wagę, a jeśli jest określany ilościowo za pomocą miar, należy znać jego dokładną miarę. To, co jest normalnie ważone, nie może być określone w miarach i odwrotnie.

Dokładny termin dostawy musi być określony w umowie. Salam nie można dokonać w odniesieniu do rzeczy, które muszą być dostarczone na miejscu. Na przykład, jeśli złoto jest kupowane w zamian za srebro, konieczne jest, zgodnie z szariatem , aby dostawa obu była równoczesna. Tutaj Salam nie może pracować. Podobnie, jeśli pszenica jest wymieniana na jęczmień, równoczesna dostawa obu jest konieczna dla ważności sprzedaży, dlatego umowa Salam w tym przypadku nie jest dozwolona.

Dopuszczalne jest zawarcie umowy sprzedaży Salam na jedną całość, ale posiadanie jej w różnym czasie w określonych częściach.

Sprzedaż Salam nie jest dozwolona w przypadku istniejących towarów, ponieważ nie można zapewnić uszkodzenia i pogorszenia jakości przed dostawą w wymaganym terminie. Dostawa może stać się niemożliwa.

Salam jest dozwolony na towarze z określonej miejscowości, jeśli ma się pewność, że jest on prawie zawsze dostępny w tej miejscowości i rzadko staje się niedostępny.

Miejsce dostawy musi być wskazane w umowie, jeśli towar wymaga kosztów załadunku lub transportu. Dopuszczalne jest zaciągnięcie hipoteki i poręczyciela długu Salam w celu zagwarantowania, że sprzedający wywiąże się ze swojego zobowiązania poprzez dostarczenie sprzedanego towaru, co stanowi zobowiązanie w terminie.

Niedopuszczalne jest, aby kupujący towar Salam sprzedał go przed jego otrzymaniem, ponieważ jest to podobne do zakazu sprzedaży długów przed posiadaniem. Wiadomo, że towar Salam jest długiem zobowiązaniowym wobec sprzedawcy, a nie istniejącym towarem. Zamiast tego dozwolone jest, aby kupujący zawarł równoległą umowę Salam bez łączenia jej z pierwszą umową Salam. Sprzedaż Salam jest odpowiednia do finansowania działalności rolniczej, gdzie bank może zawierać transakcje z rolnikami, od których oczekuje się, że podczas żniw będą mieli dużo towaru z własnych upraw lub upraw innych osób, które mogą kupić i dostarczyć w przypadku niepowodzenia ich zbiorów . W ten sposób bank świadczy doskonałe usługi rolnikom w ich drodze do osiągnięcia ich celów produkcyjnych.

Sprzedaż Salam jest również wykorzystywana do finansowania działalności handlowej i przemysłowej, zwłaszcza etapów poprzedzających produkcję i eksport towarów, a to jest poprzez kupowanie ich na Salamie i sprzedawanie ich po lukratywnych cenach.

Sprzedaż Salam jest wykorzystywana przez banki do finansowania rzemieślników i drobnych producentów poprzez dostarczanie im środków produkcji jako kapitału Salam w zamian za niektóre z ich towarów do ponownego wprowadzenia na rynek.

Zakres sprzedaży Salam jest wystarczająco duży, aby zaspokoić potrzeby różnych osób, takich jak rolnicy, przemysłowcy, kontrahenci czy handlowcy. Może obejmować finansowanie kosztów operacyjnych i dóbr kapitałowych.

F. Istisna to drugi rodzaj sprzedaży, w której towar jest przedmiotem transakcji przed jego powstaniem.

Oznacza to zlecenie producentowi wyprodukowania określonego towaru dla nabywcy. Jeżeli producent zobowiązuje się wyprodukować dla niego towary, dochodzi do transakcji Istisna :

istnienie. Jednak dla ważności Istisny konieczne jest , aby cena była ustalona za zgodą stron, a niezbędna specyfikacja towaru (przeznaczonego do wyprodukowania) została w pełni uzgodniona między nimi.

Umowa z Istisną nakłada na producenta moralny obowiązek wytworzenia towaru, ale przed rozpoczęciem pracy każda ze stron może odstąpić od umowy za wypowiedzeniem drugiej.

Ale po rozpoczęciu prac przez producenta umowa nie może być jednostronnie anulowana.

Zamawiający ma jednak prawo do odstąpienia od umowy, jeżeli towar nie jest zgodny z żądanymi specyfikacjami.

Istisna jako sposób finansowania: może służyć do zapewnienia możliwości finansowania niektórych transakcji, zwłaszcza w sektorze finansowania domów.

Jeżeli klient posiada własny grunt i poszukuje finansowania na budowę domu, finansujący może podjąć się wybudowania domu na tej otwartej działce, na bazie Istisna , a jeśli klient nie ma gruntu i chce kupić również grunt, finansista może zobowiązać się do dostarczenia mu wybudowanego domu na określonym kawałku gruntu.

Istisna nie jest konieczne , aby cena była zapłacona z góry, ani nie jest konieczne, aby była zapłacona w momencie dostawy, może ona zostać odroczona w dowolnym momencie zgodnie z umową stron, dlatego też termin płatności może być ustalony w dowolny sposób. Płatność może być również w ratach.

Z drugiej strony nie jest konieczne, aby sam finansista budował dom. Może zawrzeć równoległą umowę Istisny z osobą trzecią lub skorzystać z usług kontrahenta (innego niż klient). W obu przypadkach może obliczyć swój koszt i ustalić cenę Istisny ze swoim klientem w sposób, który może dać mu rozsądny zysk ponad jego koszt. Płacenie rat przez klienta może rozpocząć się w tym przypadku już od dnia podpisania umowy z Istisną przez strony i może być kontynuowane w trakcie budowy domu oraz po jego przekazaniu klientowi. W celu zabezpieczenia płatności rat bank może jako zabezpieczenie zachować tytuł własności domu lub gruntu lub innej nieruchomości do czasu spłaty ostatniej raty przez klienta. Bank w tym przypadku będzie odpowiedzialny za budowę domu w pełnej zgodności ze specyfikacją określoną w umowie. W przypadku rozbieżności, finansujący podejmie na własny koszt takie zmiany, jakie mogą być konieczne do dostosowania ich do warunków umowy.

Instrument Istisny może być również wykorzystany do finansowania projektów na podobnych liniach. Jeżeli klient chce zainstalować maszynę w swoim zakładzie, a maszyna musi zostać wyprodukowana, finansujący może zobowiązać się do przygotowania maszyny w ramach umowy z Istisną zgodnie z powyższą procedurą. Te same zasady będą w pełni obowiązywać przy budowie budynku dla przemysłu.

Istisny otwierają szerokie pole zastosowań dla banków islamskich do finansowania potrzeb publicznych i żywotnych interesów społeczeństwa w celu rozwoju islamskiej gospodarki. Kontrakty Istisna są stosowane w branżach zaawansowanych technologii, takich jak przemysł lotniczy, budownictwo lokomotyw i okrętów, oprócz różnego rodzaju maszyn produkowanych w dużych fabrykach lub warsztatach. Kontrakt Istisna jest również stosowany w branży budowlanej dla budynków mieszkalnych, szpitali, szkół i uniwersytetów.

Różnica między Istisną a Salamem

1. Tematem Istisny jest zawsze rzecz, która wymaga wytworzenia, podczas gdy Salam można przełożyć na wszystko, bez względu na to, czy wymaga wytworzenia, czy nie.

2. W przypadku Salam konieczne jest, aby cena została zapłacona z góry, podczas gdy w Istisna nie jest to konieczne .

3. Umowa Salam, raz zawarta, nie może być anulowana jednostronnie, podczas gdy umowa Itisna może zostać anulowana przed rozpoczęciem pracy przez producenta.

4. Czas dostawy jest istotną częścią sprzedaży w Salam, podczas gdy w Istisna nie jest konieczne ustalanie czasu dostawy.

5. Kupujący może zastrzec w umowie Istisna , że towar ma być wytworzony lub wyprodukowany przez określonego producenta lub z określonych materiałów. Nie jest to dozwolone w przypadku sprzedaży Salam.

Różnica między Istisną a Ijarah: (Usmani i Zubairi , 2002, s. 132-133)

Należy również pamiętać, że producent w Istisna zobowiązuje się do wykonania wymaganego towaru z własnego materiału. W związku z tym transakcja ta oznacza, że producent pozyska materiał, jeśli nie ma go już u niego, i podejmie z nim prace niezbędne do wykonania zamówionego towaru.

Jeśli jednak klient dostarcza materiał, a producent jest zobowiązany do wykorzystania wyłącznie swojej pracy i umiejętności, transakcja nie jest Itisna . W tym przypadku będzie to transakcja Idżarah, w ramach której usługi danej osoby są zatrzymywane za określoną opłatę, którą mu płacono.

Rozdział 2
Wiodące organizacje islamskich finansów

Początkowo branża skupiała całą swoją uwagę na handlu detalicznym, po czym nastąpiła działalność bankowości komercyjnej. Kolejny krok, działania na rynku kapitałowym, rozwijały się nieco dłużej, ale w bardzo krótkim czasie zaczęły się rozwijać i ten boom przyciągał coraz więcej podmiotów do tego biznesu, zwłaszcza z krajów zachodnich w połowie lat 90 . Ponieważ islamski przemysł finansowy przyciągał coraz więcej krajów, a zainteresowanie publiczne rosło na całym świecie, banki centralne i organy regulacyjne w tych krajach zaczęły domagać się regulacji i nadzoru nad islamskim przemysłem finansowym. Kolejnym dodatkowym problemem, który nastąpił po boomie międzynarodowych instytucji finansowych, była różnica w produktach dostępnych przez te instytucje. Międzynarodowe instytucje finansowe na początku lat 70. zaczęły coraz częściej konsultować się z ekspertami prawa islamskiego, aby upewnić się, czy ich produkt jest zgodny z szariatem . Potrzebne było jednak ustawienie standardowe, aby produkty mogły mieć przynajmniej tę samą zawartość, jeśli nie taką samą nazwę. Wszystkie te problemy doprowadziły do ustanowienia zarządów szariatu w ramach IFI. Ale to nie wystarczyło, ponieważ niespójności w interpretacjach różnych zarządów szariatu w międzynarodowych instytucjach finansowych doprowadziły do tego, że niektóre transakcje były zgodne z szariatem w przepisach jednej rady i nie były zgodne z szariatem w zasadach innej rady. Dlatego też uznano, że międzynarodowe organy ustanawiające standardy, takie jak Organizacja Rachunkowości i Audytu dla Islamskich Instytucji Finansowych (AAOIFI), Islamska Rada Usług Finansowych (IFSB), Islamska Międzynarodowa Agencja Ratingowa (IIRA) oraz Międzynarodowy Islamski Rynek Finansowy (IIFM) ułatwiają, poprzez: wydawanie międzynarodowych standardów i wytycznych, jednorodna interpretacja orzecznictwa islamskiego oraz zajmowanie się kwestiami ładu korporacyjnego. Niedawno powstała Międzynarodowa Islamska Korporacja Zarządzania Płynnością (IILM) w celu pomocy instytucjom oferującym islamskie usługi finansowe w rozwiązywaniu ich problemów związanych z zarządzaniem płynnością w wydajny i skuteczny sposób. Te główne organy Islamskiego Finansów są szczegółowo wyjaśnione w kolejnych podrozdziałach.

1. Tablice szariatu

Należy podkreślić, że rada szariatu sama w sobie nie jest organem ustanawiającym standardy, ale pomaga innym organizacjom regulacyjnym i ustanawiającym standardy w ustanawianiu i utrzymywaniu dobrych praktyk zarządzania wśród międzynarodowych instytucji finansowych. Rada szariatu to komitet uczonych islamskich, których zadaniem jest weryfikacja, czy nowe produkty prezentowane przez międzynarodowe instytucje finansowe są zgodne z szariatem . Funkcje tych uczonych są podobne do członków rad w konwencjonalnych korporacjach, tj. nie są zatrudniani przez międzynarodowe instytucje finansowe, ale otrzymują honoraria, i mają prawo być jednocześnie członkami rad szariatu w różnych międzynarodowych instytucjach finansowych. To ostatnie wynika z faktu, że na świecie jest kilkudziesięciu uczonych szariatu , którzy znają zarówno prawo islamskie, jak i współczesne potrzeby finansowe. Chociaż liczba takich naukowców rośnie, wciąż pozostają w tyle za wzrostem potrzeb branży. Pierwsza w historii rada szariatu została ustanowiona przez egipski Faisal Islamic Bank w 1976 r., a wkrótce inne międzynarodowe instytucje finansowe poszły za tym przykładem. Obecnie rady szariatu międzynarodowych instytucji finansowych są wymagane przez prawo w większości krajów islamskich, a nawet jeśli nie jest to wymagane przez prawo, szariaty stały się ważną częścią międzynarodowych instytucji finansowych. Ostatnio jednak rady szariatu były krytykowane przez wielu ekonomistów za udział w problemach ładu korporacyjnego lub teorii agencji w międzynarodowych instytucjach finansowych z powodu konfliktu interesów. Aby rozwiązać tego rodzaju problemy, Malezja, jako pierwszy kraj na świecie, ustanowiła uczonych, aby byli członkami rady szariatu składającej się z maksymalnie trzech międzynarodowych instytucji finansowych jednocześnie. Standardy AAOIFI określają obowiązki zarządów szariatu jako kierowanie, przeglądanie i nadzorowanie działań międzynarodowych instytucji finansowych w celu zapewnienia ich zgodności z zasadami szariatu . Standardy AAOIFI nałożyły również na wszystkie międzynarodowe instytucje finansowe obowiązek wybierania członków zarządu szariatu na corocznym walnym zgromadzeniu akcjonariuszy na podstawie rekomendacji rady dyrektorów, z uwzględnieniem lokalnych przepisów i regulacji. Ponadto stwierdza, że członkowie ci nie powinni być wybierani spośród dyrektorów i akcjonariuszy większościowych IFI. Utrzymanie i sformalizowanie wewnętrznej regulacyjnej roli zarządów szariatu jest uważane za kluczowe, ponieważ te organy wewnętrzne są najlepiej przygotowane do pomocy swoim indywidualnym organizacjom w osiąganiu zgodności z szariatem , a tym samym odgrywają ważną rolę w ogólnym środowisku regulacyjnym.

2. AAOIFI

Organizacja Rachunkowości i Audytu dla Islamskich Instytucji Finansowych (AAOIFI) jest islamską międzynarodową, autonomiczną organizacją non-profit, która przygotowuje standardy rachunkowości, audytu, zarządzania, etyki i szariatu dla islamskich instytucji finansowych. Została utworzona na podstawie Umowy Stowarzyszeniowej podpisanej przez islamskie instytucje finansowe 26 lutego 1990 r. w Algierze. AAOIFI ma dwupoziomową strukturę organizacyjną w celu oddzielenia funkcji ustanawiania standardów od finansowania organizacji, tak aby podmioty ustalające standardy nie podlegały konfliktowi interesów. Międzynarodowe instytucje finansowe nie są zobowiązane do dostosowywania standardów i wytycznych AAOIFI. Jednak organy regulacyjne i nadzorcze na całym świecie w coraz większym stopniu polegają na nich i dostosowują do nich swoje standardy. Na przykład wiele rad szariatu składa się z co najmniej trzech naukowców, którzy posiadają wszechstronną wiedzę finansową i wykształcenie w kwestiach prawnych zgodnie ze standardami AAOIFI. AAOIFI zapewnia wytyczne dla międzynarodowych instytucji finansowych, gdy/jeśli mają trudności z interpretacją lub zrozumieniem zagadnień związanych z nowymi produktami finansowymi. Do tej pory AAOIFI wydała 25 standardów w rachunkowości, 5 w audycie, 7 w zakresie ładu korporacyjnego i 2 kodeksy etyki. AAOIFI koncentruje się na stronie audytu i rachunkowości, gdzie procesy i transakcje muszą być obsługiwane inaczej niż konwencjonalna praktyka bankowa.

3. IFSB

Aby zapewnić solidny i stabilny rozwój islamskiego przemysłu finansowego, musi on być wspierany przez silne ramy regulacyjne i nadzorcze. Aby spełnić ten wymóg, w 2002 r. utworzono Islamską Radę Usług Finansowych (IFSB). IFSB jest międzynarodowym organem, którego gospodarzem jest Malezja. Ma ważny mandat do opracowywania standardów ostrożnościowych zgodnie z unikalnymi cechami islamskiej instytucji finansowej. IFSB została założona pod patronatem Międzynarodowego Funduszu Walutowego i w ścisłej współpracy z MFW i Bazylejskim Komitetem Nadzoru Bankowego, stała się jedną z najbardziej wpływowych organizacji międzynarodowych promujących islamskie finanse i ich standardy. IFSB stara się dostosować istniejące standardy i wytyczne wspomnianych organizacji oraz dostosowuje je zgodnie z zasadami szariatu do międzynarodowych instytucji finansowych. IFSB koncentruje się w dużej mierze na standaryzacji procedur i sposobie interpretacji orzeczeń szariatu w całej branży. Od momentu powstania IFSB wydała 17 standardów, zasad przewodnich i uwag technicznych w obszarach zarządzania ryzykiem, ładu korporacyjnego, przejrzystości i dyscypliny rynkowej itp. IFSB ściśle współpracuje z Bazylejskim Komitetem Nadzoru Bankowego, Międzynarodową Organizacją Komisji Papierów Wartościowych oraz Międzynarodowe Stowarzyszenie Nadzorców Ubezpieczeniowych.

4. IIRA

Islamska Międzynarodowa Agencja Ratingowa (IIRA) rozpoczęła działalność w lipcu 2005 r. w celu ułatwienia rozwoju regionalnych i krajowych rynków finansowych poprzez wyznaczanie relatywnego ryzyka inwestycyjnego lub kredytowego, dostarczając ocenę profilu ryzyka podmiotów i instrumentów. Powinno to być integralną częścią procesu decyzyjnego stosowanego przez inwestorów instytucjonalnych. IIRA pomaga islamskiemu przemysłowi usług finansowych zdobyć uznanie na szczeblu lokalnym i międzynarodowym jako silne i zdolne instytucje finansowe, przestrzegające wyższych standardów ujawniania i przejrzystości. Jej misją jest wspieranie rozwoju regionalnego rynku kapitałowego oraz poprawa jego funkcjonowania. IIRA stała się alternatywą dla międzynarodowych agencji ratingowych i ma stać się punktem odniesienia, na którym inwestorzy i finansiści mogą polegać, aby osiągnąć „Jakość" pod względem zgodności z powiązanymi regułami i zasadami szariatu dla islamskich usług finansowych. IIRA jest organizacją nastawioną na zysk i działa jak jej konwencjonalne odpowiedniki, pobierając ustaloną opłatę za sztukę pracy.

5. IIFM

Międzynarodowy Islamski Rynek Finansowy (IIFM) jest globalnym organem normalizacyjnym dla segmentu Islamskiego Rynku Kapitałowego i Pieniężnego IFI. Jej głównym celem jest standaryzacja islamskich produktów finansowych, dokumentacji i powiązanych procesów. Umowa o utworzeniu IIFM została podpisana w listopadzie 2001 r. przez prezesów banków centralnych/agencji monetarnych Malezji, Bahrajnu, Indonezji, Sudanu oraz prezesa Islamskiego Banku Rozwoju. Rozpoczęła swoją działalność w 2002 roku. Jej główne cele to:

1. Aby pobudzić tworzenie i rozwój międzynarodowego rynku finansowego opartego na regułach i zasadach szariatu
2. Rozwiązanie problemu zarządzania płynnością w MIF
3. Rozwój aktywnego rynku wtórnego oraz
4. Stworzenie środowiska, które zachęci zarówno islamskie, jak i nieislamskie instytucje finansowe do aktywnego udziału w rynku wtórnym oraz do informacji o nowych instrukcjach umożliwiających śledzenie.

IIFM będzie również działać jako centralny punkt harmonizacji interpretacji szariatu na globalnym rynku finansowym i wzmocnić ramy współpracy między międzynarodowymi instytucjami finansowymi na całym świecie. We wrześniu 2006 r. IIFM podpisał Memorandum of Understanding z Międzynarodowym Stowarzyszeniem Swapów i Instrumentów

Pochodnych (ISDA) w celu opracowania umowy ramowej na dokumentowanie prywatnie negocjowanych transakcji na instrumentach pochodnych zgodnych z szariatem . W marcu 2010 rozpoczęto realizację umowy ramowej ISDA/IIFM Tahawwut . Jest to całkowicie nowy dokument ramowy, chociaż struktura dokumentu jest podobna do konwencjonalnej umowy ramowej ISDA. Jednak kluczowe mechanizmy i zabezpieczenia, takie jak zdarzenia przedterminowe, likwidacja i netting, są opracowywane w oparciu o zasady islamskiego szariatu .

6. IILM

International Islamic Liquidity Management Corp (IILM) to wspólny wysiłek 11 banków centralnych lub agencji monetarnych z krajów takich jak Malezja, Indonezja, Iran, Luksemburg i Zjednoczone Emiraty Arabskie, a także dwóch wielostronnych organizacji wspierających instytucje oferujące islamskie usługi finansowe w kwestii zarządzania płynnością. IILM został utworzony, aby pomagać instytucjom oferującym islamskie usługi finansowe w rozwiązywaniu ich problemów związanych z zarządzaniem płynnością w wydajny i skuteczny sposób. Instytucja ta zajmuje się jednym z podstawowych problemów islamskich instytucji finansowych: zapewnieniem odpowiedniej płynności w sytuacjach stresowych. Oczekuje się, że IILM będzie emitować płynne, zbywalne i niskiego ryzyka zgodne z szariatem instrumenty finansowe o potrójnym ratingu A o wysokiej jakości, zarówno na poziomie krajowym, jak i transgranicznym, w celu wzmocnienia solidności i stabilności islamskich rynków finansowych. Instrumenty IILM będą wykorzystywane w zarządzaniu płynnością jako kwalifikowalne zabezpieczenie transakcji międzybankowych i finansowania przez bank centralny lub poprzez obrót instrumentami IILM (w tym samym kraju lub za granicą) na rynku wtórnym. Ponieważ IILM ma na celu ułatwienie transgranicznego zarządzania płynnością, jego instrumenty będą denominowane w głównych walutach rezerwowych, takich jak dolar amerykański i euro. Ma to zapewnić dostęp do dużej puli globalnych inwestorów i poszerzyć krąg jej posiadaczy, zwiększając tym samym perspektywy aktywnego rynku wtórnego. Jeśli aktywa mogą być przedmiotem obrotu za pośrednictwem IILM, wówczas znacznie mniej tych aktywów będzie w posiadaniu instytucji.

Rozdział 3
Rozwój finansów islamskich

W ostatnich latach globalny rynek finansów islamskich gwałtownie się rozwinął. Thomson Reuters oszacował, że rynek usług Islamskich Finansów, mierzony aktywami zgodnymi z prawem szariatu, wyniósł na koniec 2017 roku około 2,4 biliona dolarów, co stanowi wzrost o 6,5% w porównaniu z rokiem poprzednim. Globalne aktywa Islamic Finance rosły średnio o 7,1% rocznie w okresie 2012-17. W tym okresie odnotowano tylko jeden rok spadku aktywów Islamic Finance.

Aktywa sektora mają nadal rosnąć w nadchodzących latach, wspierane przez popyt wewnętrzny w gospodarkach wschodzących. Według Thomson Reuters Islamic Finance Development Report 2018 rynek ma osiągnąć 3,8 biliona dolarów do 2023 roku. Na całym świecie jest zarejestrowanych około 1400 instytucji jako organizacje zgodne z prawem szariatu w usługach finansowych.

Na islamskim rynku finansowym dominują Bliski Wschód i Azja Południowo-Wschodnia. Pod względem aktywów Islamskich Finansów największym rynkiem była Arabia Saudyjska z aktywami w wysokości 509 miliardów dolarów, a następnie Malezja (491 miliardów dolarów) i Zjednoczone Emiraty Arabskie (222 miliardy dolarów).

Islamskie finanse wykazały się odpornością w czasie, gdy globalna gospodarka spowolniła, a konwencjonalna bankowość w krajach zachodnich znalazła się pod presją. Globalne aktywa Islamskiej Finansów podwoiły się od początku spowolnienia gospodarczego. Istnieje znaczny potencjał dla ekspansji finansów islamskich. Populacja muzułmańska, licząca około 1,9 miliarda, stanowi prawie jedną czwartą światowej populacji, ale aktywa zgodne z prawem szariatu stanowią tylko około 1 procent światowych aktywów finansowych. Mniej niż jedna piąta muzułmanów na całym świecie korzysta obecnie z islamskich produktów finansowych. Stopień penetracji branży jest bardzo zróżnicowany. Istnieje około 1400 instytucji zarejestrowanych na całym świecie jako organizacje zgodne z prawem szariatu w usługach finansowych.

Poza światem muzułmańskim rynek jest najbardziej rozwinięty w Szwajcarii, Wielkiej Brytanii, Hongkongu i Stanach Zjednoczonych. Jednak Islamskie Finanse wykraczają poza swoje historyczne granice na nowe terytoria. Baza klientów w krajach zachodnich niekoniecznie ogranicza się do muzułmanów; innych klientów mogą przyciągnąć etyczne podstawy Islamskiego Finansów. Inne rynki, na których rozwija się Islamic Finance, to:

• Inne kraje Bliskiego Wschodu i Afryki, takie jak Egipt, Jordania, Kenia, Maroko, Nigeria, RPA, Sudan i Turcja.

• Inne kraje azjatyckie, takie jak Brunei, Chiny, Indonezja i Singapur.

• Kraje rozwinięte, takie jak Australia i Luksemburg, które rozwijają się jako centra finansów islamskich. Francja, Niemcy, Wielka Brytania i USA mają rdzenną populację muzułmańską do 5 milionów; Rosja ma największy w Europie (16,5 m17). Chociaż aktywa Islamic Finance nadal znajdują się głównie w krajach GCC, zaangażowanie w sektor, w szczególności w emisje sukuk w Hongkongu, Luksemburgu, RPA i Wielkiej Brytanii, jest ważne dla dalszego wzrostu i rozwoju sektora.

Chociaż w krajach zachodnich istnieje pole do rozwoju islamskiego rynku finansowego, w wielu jurysdykcjach należy zaprojektować i wdrożyć odpowiednią strukturę prawną i regulacyjną. Sektorowi nadal generalnie brakuje ekonomii skali i działa w środowisku, które często nie uwzględnia w odpowiedni sposób specyficznych cech Islamskich Finansów.

Rosnący zasięg islamskich finansów oferuje szereg możliwych korzyści. Aspekty praktyki Islamskiej Finansów mogą zmniejszyć narażenie sektora na nieprzewidziane wydarzenia w konwencjonalnym sektorze finansowym. System promuje proaktywną kontrolę nad mechanizmami finansowania, które wprowadzają dźwignię finansową – preferując, tam gdzie to możliwe, alternatywy oparte na kapitale na zasadzie podziału ryzyka, które lepiej wspierają wzrost gospodarczy. Co więcej, rosnące wyrafinowanie finansów islamskich oznacza, że mogą one generować nowe sposoby zaspokajania potrzeb rozwojowych krajów muzułmańskich, we współpracy z konwencjonalnymi finansami lub niezależnie. W szczególności islamskie usługi finansowe mają znaczny potencjał w zakresie wspierania większej integracji finansowej ludności muzułmańskiej. Duże segmenty globalnej populacji muzułmańskiej są obecnie niedostatecznie obsługiwane przez instytucje finansowe, na przykład około 80% muzułmanów uważa się obecnie za nieobjętych „finansowo". Niektóre z tych niedostatecznych usług mogą być spowodowane stosunkowo ograniczoną penetracją Islamskich Finansów wśród populacji, które z powodów religijnych mogą nie chcieć korzystać z konwencjonalnych usług finansowych.

A. **Obligacje islamskie (Sukuk):**

Muzułmańscy prawnicy poddają kupno i sprzedaż zobowiązań dłużnych pewnym warunkom w celu przestrzegania zakazu riba (odsetki), gharar (niepewność) i maysir (hazard). szczegółowo określić te warunki. Podsumowując, dług musi być autentyczny, tj. pożyczanie pieniędzy nie może być wybiegiem, takim jak umowa odkupu powiązanego z aktywami. Dłużnik musi potwierdzić handel, a wierzyciele muszą być znani, dostępni i solidni. Handel musi odbywać się na zasadzie spot, a nie w zamian za długi. Co ważne, cena nie może być inna niż nominał. Zgodnie z tymi zasadami, wczesna doktryna dotycząca nieoprocentowanego finansowania nie zezwalała na obligacje korporacyjne lub rządowe oraz dyskontowanie weksli. Naciski na innowacje doprowadziły do znalezienia wyjścia z tych ograniczeń, dopuszczając „inżynierię finansową". W szczególności opracowano obligacje oparte na leasingu (sukuk alijara). Choć wydano inne sukuk, np . sukuk almudaraba , sukuk al- musharaka , sukuk al-murabaha , najpopularniejszym pozostaje ijara sukuk.

Sukuk oznacza certyfikat uczestnictwa i jest powszechnie określany jako „obligacja islamska". Stosowane są techniki podobne do konwencjonalnych strukturyzowanych papierów wartościowych, przy czym sukuk jest podobny do certyfikatów tranzytowych. Sakk reprezentuje po prostu proporcjonalny lub niepodzielony udział własnościowy w aktywach lub puli aktywów. Obligacje islamskie są bardziej przydatne, jeśli można nimi handlować

na rynku wtórnym w celu uzyskania płynności. Jak wskazano powyżej, muszą być spełnione pewne wymagania dotyczące zdolności obrotu obligacji na islamskim rynku finansowym. W szczególności nie mogą reprezentować długu (w islamie sprzedaż długów jest zabroniona), tak jak mogą to robić zwykłe obligacje. Zamiast tego muszą stanowić własność zatwierdzonego środka trwałego. Obligację taką uzyskuje się poprzez sekurytyzację aktywa, którego majątek jest podzielony na jednostki o jednakowej wartości i włączony do certyfikatów sukuk. Wartość sukuk pozostaje zatem powiązana z wartością aktywów bazowych. Chociaż są one dostępne w wersjach zerokuponowych i kuponowych, produktywność i zwrot są powiązane z zyskiem z aktywów bazowych, a nie ze stopą procentową (chociaż stopa procentowa taka jak LIBOR może być użyta jako „benchmark").

Rozważmy na przykład przypadek sukuk alijara . Zleceniodawca posiada aktywa (grunty, budynki, samoloty, statki itp), które mają stanowić podstawę zwrotu dla inwestora sukuk. Aktywa te są sprzedawane przez inicjatora spółce celowej (SPV), a następnie są ponownie wydzierżawiane po określonym czynszu. Spółka celowa sekurytyzuje aktywa poprzez emisję certyfikatów sukuk, które mogą nabyć inwestorzy. Każdy sukukW jaki sposób islamska bankowość różni się od konwencjonalnego finansowania?

certyfikat stanowi udział we własności aktywów, uprawniający inwestora do okresowych wypłat od spółki celowej finansowanych z czynszów dzierżawnych przez inicjatora.

Zwroty mogą być o stałej lub zmiennej stopie (często odnoszone do LIBOR jako „benchmark") w zależności od inicjatora.

Do tej pory AAOIFI (Organizacja Rachunkowości i Audytu Islamskich Instytucji Finansowych) wydała standardy dla czternastu rodzajów sukuk. Można je ogólnie podzielić na sukuk, które przynoszą z góry określone zyski i sukuk, które pozwalają na dzielenie się zyskami, a w niektórych przypadkach stratami . Sukuk al - murabaha i sukuk al -murabaha są przykładami sukuk z podziałem zysków i strat. Do tej pory większość wyemitowanych sukuków przynosiła z góry określone zyski, a większość z nich to sukuk alijara , często o z góry określonej stopie zwrotu.

W rzeczywistości podstawowa struktura sukuk jest bardzo elastyczna i można ją zmieniać na wiele sposobów. Aktywami bazowymi, które są łączone i sekurytyzowane mogą być należności ijara , murabaha , istisnaa lub musharaka lub ich kombinacje, a stopy zwrotu mogą być stałe, zmienne lub zerokuponowe. Ryzyka inwestycyjne (ryzyko kredytowe, ryzyko stopy procentowej, ryzyko walutowe, ryzyko cen rynkowych, ryzyko płynności) są w dużej mierze takie same jak w przypadku obligacji konwencjonalnych i zależą od sposobu struktury sekurytyzacji, chociaż jednym unikalnym ryzykiem jest ryzyko szari. zgodność, czynnik , który również reguluje zbywalność sukuk .

Rzeczywiście, to właśnie potencjalna zbywalność jest głównym powodem popularności sukuk alijara . Ijara , choć rzadziej wykorzystywana niż murabaha jako aktywa w bilansach banków islamskich, oferuje znacznie większą elastyczność dla islamskiego rynku obligacji. Każdy papier wartościowy zwany sukuk- alijara reprezentuje proporcjonalną własność fizycznych aktywów w stosunku do proporcjonalnego udziału w roszczeniach finansowych lub długach w przypadku sukuk-al- murabaha . Podczas gdy dług można przenosić tylko po cenie nominalnej, własność aktywów fizycznych można zawsze przenosić po wzajemnie wynegocjowanej cenie. Dlatego sukuk- alijara pozwalają na stworzenie rynku wtórnego, gdyż reprezentują udział we własności fizycznego mienia.

Sektor sukuk stał się w ostatnich latach coraz ważniejszym elementem krajobrazu finansów islamskich. Rynek cieszy się coraz większym zainteresowaniem ze strony państw, instytucji wielostronnych oraz korporacji międzynarodowych i krajowych. Sektor odgrywał ważną rolę w finansowaniu infrastruktury i był wykorzystywany zarówno do projektów publicznych, jak i prywatnych.

Wybitna wartość sukuk znacznie wzrosła w ostatnich latach, osiągając na koniec 2017 roku 426 miliardów dolarów. Popyt na ogół przewyższa podaż, co prowadzi do nadsubskrypcji większości emisji i niższych zysków. Według danych S&P Ratings, globalna emisja sukuków wzrosła o 37,7% w I kw. 2017 r. w porównaniu z I kw. 2016 r., głównie ze względu na silny wzrost emisji sukuków w GCC.

Rynek sukuk rozwija się w zakresie standaryzacji oraz wprowadzania dłuższych tenorów i nowych struktur. Inne czynniki przyczyniające się do rozwoju tego sektora to: rosnąca znajomość instrumentów sukuk wśród globalnych inwestorów; zwiększenie płynności inwestycji islamskich w poszukiwaniu sukuk; oraz rosnący popyt detaliczny i korporacyjny na usługi z zakresu finansów islamskich.

Chociaż rynek sukuk rósł z roku na rok i wzrastał średnio o 10,6% rocznie w latach 2012-2017, to wciąż jest on stosunkowo niewielki. Głównymi emitentami sukuk są przedsiębiorstwa (które stanowią około 64,4% łącznych zarządzanych aktywów) oraz państwa (30,6%); Pozostałą część stanowią podmioty ponadnarodowe (2,9%) i powiązane z rządem (2,1%).28 Wzrost emisji w ostatnich latach był napędzany przez kluczowe rynki Malezji, Arabii Saudyjskiej i Zjednoczonych Emiratów Arabskich, a także rynki wschodzące, takie jak Turcja i Indonezji. Coraz więcej firm korzysta z możliwości poszukiwania płynności przy niskich kosztach i dywersyfikacji swoich rozwiązań finansowania. Notowania Sukuk wskazywały na większą aktywność transgraniczną, ponieważ emitenci zwiększali notowania na kluczowych giełdach, takich jak te w Europie, a mianowicie LSE, Irish Stock Exchange i Luxembourg Stock Exchange.

Wreszcie, islam postawił szereg warunków, aby zapewnić, że kredyt będzie rósł wraz ze wzrostem prawdziwego rektora. Niektóre z tych warunków to:

1. Majątek, który jest sprzedawany lub leasingowany, musi być prawdziwy, a nie wyimaginowany lub fikcyjny;

2. Sprzedający musi posiadać i posiadać sprzedawane lub dzierżawione towary;

3. Transakcja musi być prawdziwą transakcją handlową z pełnym zamiarem dostarczenia i przyjęcia dostawy; oraz

4. Wierzytelność nie może zostać sprzedana, a zatem związane z nią ryzyko niewywiązania się z płatności musi ponosić sam pożyczkodawca.

Pierwszy warunek pomoże wyeliminować większość transakcji spekulacyjnych i hazardowych, które obejmują towary hipotetyczne i które stanowiły znaczną część transakcji na instrumentach pochodnych podczas obecnego kryzysu. Drugi warunek pomoże zapewnić, że sprzedający (lub leasingodawca) również podzieli część ryzyka, aby móc uzyskać udział w zwrocie. Z chwilą, gdy sprzedający (finansujący) nabywa własność i posiada towary przeznaczone do sprzedaży lub dzierżawy, ponosi ryzyko. Warunek ten ograniczy krótką sprzedaż, a tym samym usunie możliwość gwałtownego spadku cen aktywów podczas dekoniunktury. Szariat zrobił jednak wyjątek od tej reguły w przypadku salam i istisna , gdzie towary nie są już dostępne na rynku i muszą być wyprodukowane lub wyprodukowane przed dostawą. Pomoże to zapewnić, że finansowanie będzie rosło wraz z rozwojem gospodarki realnej, a tym samym pomoże ograniczyć nadmierną ekspansję kredytową.

Trzeci i czwarty warunek nie tylko pomogą wyeliminować wiele transakcji spekulacyjnych i na instrumentach pochodnych, w których nie ma zamiaru dawać lub przyjmować dostawy, ale także motywują kredytodawcę do większej ostrożności w ocenie ryzyka kredytowego. Zapobiegnie to niepotrzebnej eksplozji wolumenu i wartości transakcji, a także pomoże utrzymać wzrost zadłużenia zgodnie z rozwojem gospodarki realnej. Uwolni również większą ilość środków finansowych dla sektora realnego, a tym samym pomoże zwiększyć możliwości zatrudnienia i samozatrudnienia oraz produkcję towarów i usług zaspokajających potrzeby.

Dyscyplina, którą islam chce wprowadzić do systemu finansowego, może się nie urzeczywistnić, dopóki rządy nie zmniejszą swoich pożyczek z banku centralnego do poziomu, który jest zgodny z celem stabilności cen i finansów. Nawet pożyczki od sektora prywatnego powinny być przeznaczone przede wszystkim na rozwój, który zwiększy jego zdolność do spłaty. Należy unikać zaciągania pożyczek na pokrycie bieżących wydatków, z wyjątkiem skrajnych okoliczności. Dzieje się tak, ponieważ pożyczanie nie eliminuje ostatecznej potrzeby poświęcenia.

Bez tej świadomości ostatecznej potrzeby poświęcenia, potrzeba zaciągania pożyczek najprawdopodobniej stanie się zależna od ścieżki. Istnieje wiele zastrzeżeń przeciwko tym warunkom. Jednym z nich jest to, że hedging jest rzeczywistą potrzebą gospodarki i powyższe ograniczenia mogą temu przeciwdziałać. Prawdziwy hedging lub ubezpieczenie, które jest podejmowane przez osobę lub firmę w celu zapewnienia ochrony przed rzeczywiście poniesionymi stratami, zostało uznane przez muzułmańskich prawników. Zabroniony jest jednak „hedging", który nie jest związany z realną transakcją i ma raczej charakter spekulacyjno-hazardowy. Drugim zarzutem może być to, że wszystkie te warunki będą miały tendencję do zmniejszania rozmiaru gospodarki poprzez zmniejszenie liczby i wolumenu transakcji na instrumentach pochodnych. Nie ma wątpliwości , że liczba transakcji ulegnie zmniejszeniu. Będą to jednak przede wszystkim te transakcje, które mają charakter spekulacyjny i hazardowy i są powszechnie uznawane za gry o sumie zerowej. Rzadko przyczyniały się one znacząco do całkowitej realnej produkcji. Skumulowana roczna stopa wzrostu wszystkich zaległych instrumentów pochodnych w latach 2000-2007 wynosiła 29,9 procent rocznie, podczas gdy całkowita produkcja w świecie rzeczywistym wynosiła tylko 3,1 procent rocznie. Dlatego też spadek transakcji spekulacyjnych i hazardowych prawdopodobnie nie zaszkodzi znacząco gospodarce realnej. Podczas gdy ograniczenie takich transakcji zmniejszy prowizje zarabiane przez spekulantów podczas sztucznie generowanego boomu, pomoże im uniknąć strat i bankructw, które stają się nieuniknione w czasie spadku i prowadzą do kryzysu finansowego.

W ciągu następnej dekady sukuk prawdopodobnie pozostanie rosnącym segmentem islamskiego przemysłu finansowego. Niektóre z czynników, które mogą się do tego przyczynić, obejmują trwały globalny wzrost gospodarczy, dalsze wydatki na infrastrukturę i atrakcyjność transgranicznych miejsc docelowych dla pozyskiwania funduszy. Sukuk może pomóc zlikwidować globalną lukę w finansowaniu infrastruktury, a w tym obszarze rośnie udział emisji. Oczekuje się, że region GCC, a zwłaszcza Dubaj, zaoferuje możliwości inwestowania w znaczące projekty, w których rynek sukuk odgrywa ważną rolę w zabezpieczaniu tych funduszy. Jednak w nadchodzących latach potrzebnych będzie więcej instrumentów, a istniejące produkty będą wymagały dopracowania, ponieważ niektóre konstrukcje sukuk są wciąż w fazie rozwoju.

Zielony Sukuk

Zielona obligacja to zabezpieczenie finansowe o stałym dochodzie sprzedawane z obietnicą przeznaczenia zebranych środków na projekty korzystne dla środowiska. Zgodnie z Zasadami Zielonych Obligacji ustanowionymi przez Międzynarodowe Stowarzyszenie Rynków Kapitałowych, zielone obligacje są „każdym rodzajem instrumentu obligacyjnego, z którego wpływy będą przeznaczone wyłącznie na finansowanie lub refinansowanie zielonych projektów".

Zielone obligacje zostały początkowo zaprojektowane przez duże organizacje ponadnarodowe, takie jak Bank Światowy i Europejski Bank Inwestycyjny (EBI). EBI wyemitował pierwsze obligacje na rzecz świadomości klimatycznej w 2007 r. Wpływy z obligacji ekologicznych są wykorzystywane do finansowania szerokiego zakresu działań, w tym energii odnawialnej, efektywności energetycznej, zrównoważonego gospodarowania odpadami, zrównoważonego użytkowania gruntów, ochrony różnorodności biologicznej, adaptacji do zmian klimatu i czystego transportu.

Kraje rozwijające się często mają ograniczony dostęp do kapitału na inwestycje w zrównoważoną infrastrukturę. Zielone obligacje zostały zidentyfikowane jako potencjalne źródło finansowania działań klimatycznych dla miast, gmin i projektów infrastruktury niskoemisyjnej w wielu sektorach, a także szansa dla sektora prywatnego na pomoc w realizacji globalnych priorytetów rozwojowych, takich jak cele zrównoważonego rozwoju ONZ.

Sukuk to nieoprocentowana obligacja, która generuje zyski dla inwestorów bez naruszania zasad szariatu. Istnieją podobieństwa między sukuk a obligacjami ekologicznymi, które można łatwo wykorzystać do rozwoju islamskich rynków kapitałowych i maksymalizacji finansowania przez sektor prywatny projektów środowiskowych:

1. Obaj zbierają fundusze na określony cel. Struktura sukuk oparta na aktywach daje inwestorom wysoki stopień pewności, że zgromadzone środki są wykorzystywane wyłącznie do wyznaczonego celu; w międzyczasie emitent obligacji ekologicznych zobowiązuje się do wykorzystania zebranych środków na konkretne projekty przyjazne środowisku.

2. Wartości obu są głęboko zakorzenione w zasadach etycznych i społecznie odpowiedzialnych.

Aktywa sfinansowane przez sukuk wykluczają inwestycje w hazard, broń, wieprzowinę i alkohol.

3. Pojęcie zarządzania środowiskiem, ochrony powietrza, wody i ziemi oraz zależnych od nich ekosystemów jest nierozerwalnie związane z zasadami szariatu.

Green sukuk to zgodne z prawem szariatu wehikuły inwestycyjne, które finansują projekty przyjazne środowisku, takie jak parki słoneczne, biogazownie i farmy wiatrowe. Głównym celem rozwoju zielonego sukuka jest finansowanie inicjatyw przyjaznych środowisku w sposób zgodny z szariatem. Dla inwestorów przestrzegających szariatu, zwłaszcza w Azji Południowo- Wschodniej i regionie Rady Współpracy Państw Zatoki Perskiej, zielony sukuk stanowi idealną inwestycję, która przynosi korzyści środowisku.

B. Bankowość islamska

Banki islamskie rozwijają się szybciej niż ich tradycyjne odpowiedniki na większości głównych rynków. Banki oferujące usługi w zakresie finansów islamskich coraz częściej szukają wzmocnienia swojej pozycji w szybciej rozwijających się regionach Bliskiego Wschodu, Azji i Afryki. Oferowanie produktów, które są konkurencyjne pod względem ceny i usług, może pomóc w generowaniu biznesu nie tylko ze strony muzułmanów preferujących usługi zgodne z szariatem, ale także ze strony muzułmanów i innych klientów, którzy obecnie korzystają z konwencjonalnych usług bankowych.

Specyficzne cechy bankowości islamskiej zostały uwzględnione przez wyspecjalizowane organy ustalające standardy islamskie. Branża ma dwóch kluczowych twórców standardów: Organizację Rachunkowości i Audytu dla Islamskich Instytucji Finansowych, założoną w 1991 roku, w zakresie standardów rachunkowości i audytu szariatu oraz Islamską Radę Usług Finansowych, utworzoną w 2002 roku, w zakresie standardów regulacyjnych i nadzorczych. Instytucje te opracowały szeroki zakres standardów technicznych i wskazówek. Jednak stosowanie tych standardów nie jest jednolite we wszystkich krajach.

Międzynarodowy Islamski Rynek Finansowy (IIFM) to międzynarodowa organizacja rynków finansowych Islamskich założona w 2002 roku. Głównym celem IIFM jest rozwój i ujednolicenie dokumentów, struktur, kontraktów, instrumentów, infrastruktury i zaleceń dotyczących wzmocnienia kapitału Islamskiego i Rynek pieniężny (ICMA).

IIFM opracował grupy robocze i inicjatywy z szeregiem stowarzyszeń globalnego rynku kapitałowego, w tym International Swaps and Derivatives Association (ISDA) i ICMA.

Pojawienie się bankowości islamskiej w ostatnich latach jest jednym z najważniejszych trendów w sektorze gospodarczym, a przy szacowanej liczbie 1,6 miliarda muzułmanów na całym świecie jest dojrzała do wzrostu potencjału.

Muzułmanie zawsze mieli zapotrzebowanie na produkty i usługi finansowe zgodne z szariatem (prawem islamskim). Rozwój realnych alternatyw dla konwencjonalnych finansów w coraz większym stopniu umożliwia muzułmanom uczestnictwo w świecie finansów bez naruszania zasad islamu i bez ponoszenia kary ekonomicznej wynikającej z nieuczestniczenia, zwłaszcza w ostatnim wzroście cen ropy.

Globalne aktywa bankowości islamskiej wyniosły 1,7 biliona dolarów na koniec 2017 r., co oznacza wzrost o 2,7% rok do roku. Thomson Reuters przewiduje, że średnia roczna stopa wzrostu aktywów bankowości islamskiej wyniesie około 7% w okresie 2018-23, w porównaniu ze średnią roczną 6,1% w latach 2012-17. W 2017 r. istniało 505 banków islamskich, w tym 207 okien bankowości islamskiej.

Pomimo stałego wzrostu w ostatnich latach, bankowość islamska nadal stanowi zaledwie 6% aktywów bankowych na świecie22. Jednak istnienie populacji muzułmańskich bez dostępu do islamskich finansów, a także brak zaangażowania w niektóre branże finansowe oznacza, że islamska bankowość znaczny potencjał wzrostu.

Większość aktywów stanowią banki komercyjne, a resztę – banki inwestycyjne. Aktywa branży pozostają silnie skoncentrowane na Bliskim Wschodzie iw kilku wybranych krajach azjatyckich. Oczekuje się, że stopy wzrostu pozostaną stosunkowo wysokie, ponieważ islamski sektor bankowy rozwija się na głównych rynkach, takich jak Arabia Saudyjska, Kuwejt, Katar, Malezja i Zjednoczone Emiraty Arabskie. Na koniec 2017 r. Iran stanowił 28% globalnych aktywów bankowości islamskiej, na drugim i trzecim miejscu znalazły się Arabia Saudyjska (22%) i Malezja (12%).

Rozdział 4
Uwolnienie potencjału islamskich finansów dla małych firm

Małe i średnie przedsiębiorstwa (MŚP) odgrywają ważną rolę w większości gospodarek, zwłaszcza w krajach rozwijających się. Formalne MŚP zapewniają do 45 procent całkowitego zatrudnienia i do 33 procent dochodu narodowego (PKB) w gospodarkach wschodzących. Liczby te są znacznie wyższe, gdy uwzględni się nieformalne MŚP. Według szacunków w ciągu najbliższych 15 lat potrzeba będzie 600 milionów miejsc pracy, aby wchłonąć rosnącą siłę roboczą na świecie, głównie w Azji i Afryce Subsaharyjskiej. Na rynkach wschodzących większość formalnych miejsc pracy znajduje się w MŚP, które również tworzą 4 na 5 nowych miejsc pracy. Jednak dostęp do finansowania jest kluczowym ograniczeniem rozwoju MŚP; bez niego wiele MŚP pogrąża się w stagnacji.

Pomimo tego, że MŚP stanowią znaczną część gospodarki kraju i dają możliwość zatrudnienia większości ludzi. MŚP mają mniejsze szanse na uzyskanie kredytów bankowych niż duże firmy; zamiast tego polegają na wewnętrznych lub „osobistych" funduszach, aby uruchomić i początkowo prowadzić swoje przedsiębiorstwa.

Pięćdziesiąt procent formalnych MŚP nie ma dostępu do formalnego kredytu. Luka finansowa jest jeszcze większa, gdy uwzględni się mikro i nieformalne przedsiębiorstwa. Ogólnie około 70 procent wszystkich MMŚP na rynkach wschodzących nie ma dostępu do kredytów. Chociaż różnica ta różni się znacznie między regionami, jest szczególnie duża w Afryce i Azji. Szacuje się, że obecna luka kredytowa dla formalnych MŚP wynosi 1,2 biliona USD; całkowita luka kredytowa zarówno dla formalnych, jak i nieformalnych MŚP wynosi aż 2,6 biliona USD.

Badanie Grupy Banku Światowego sugeruje, że na rynkach wschodzących istnieje od 365-445 milionów mikro, małych i średnich przedsiębiorstw (MMŚP): 25-30 milionów to formalne MŚP; 55-70 mln to formalne mikroprzedsiębiorstwa; a 285-345 mln to przedsiębiorstwa nieformalne. Przeniesienie nieformalnych MŚP do sektora formalnego może przynieść im znaczne korzyści (na przykład lepszy dostęp do kredytów i usług rządowych) oraz całej gospodarki (na przykład wyższe dochody podatkowe, lepsze regulacje). Ponadto poprawa dostępu MŚP do finansowania i znalezienie rozwiązań umożliwiających odblokowanie źródeł kapitału ma kluczowe znaczenie dla umożliwienia rozwoju tego potencjalnie dynamicznego sektora i zapewnienia potrzebnych miejsc pracy.

Niemniej jednak MŚP konsekwentnie podają brak dostępu do finansowania jako poważne ograniczenie. Często koszty i ryzyko związane z obsługą MŚP są postrzegane przez banki jako zbyt wysokie. Ze względu na asymetrię informacji oraz wysokie koszty zebrania odpowiednich informacji do oceny zdolności kredytowej typowych kredytobiorców z sektora MŚP, banki zazwyczaj niechętnie udzielają im niezabezpieczonego kredytu, nawet przy wysokim oprocentowaniu. W rezultacie wiele MŚP z ekonomicznie opłacalnymi projektami, ale niewystarczającymi zabezpieczeniami, nie może uzyskać najbardziej potrzebnego finansowania od tradycyjnych pożyczkodawców. Międzynarodowa Korporacja Finansowa (IFC) informuje, że czołowe banki obsługujące MŚP w krajach spoza OECD docierają do zaledwie 20% formalnych mikroprzedsiębiorstw i MŚP oraz tylko 5% w Afryce Subsaharyjskiej. Podkreślając skalę problemów z dostępem do finansowania, Azjatycki Bank

Rozwoju (ADB) szacuje, że istnieje globalna luka na poziomie 1,9 bln USD między samą podażą a potrzebą finansowania handlu. Luka ta powiększa się zwłaszcza na „dolnym krańcu rynku", gdzie szacuje się, że prawie połowa wniosków MŚP o finansowanie handlu została odrzucona, w porównaniu z zaledwie 7% w przypadku korporacji międzynarodowych.

Według szacunków Banku Światowego około 70 procent wszystkich MMŚP na rynkach wschodzących nie ma dostępu do kredytów. Chociaż różnica ta różni się znacznie między regionami, jest szczególnie duża w Afryce i Azji. Szacuje się, że obecna luka kredytowa dla formalnych MŚP wynosi 1,2 biliona USD; całkowita luka kredytowa zarówno dla formalnych, jak i nieformalnych MŚP wynosi aż 2,6 biliona USD.

Brak finansowania jest jednym z najważniejszych ograniczeń, z jakimi borykają się MŚP. Bariery marketingowe i administracyjne, brak zintegrowanego systemu księgowego, brak wyszkolonej siły roboczej, ograniczenia instytucjonalne i ustawodawstwo rządowe to również ograniczenia, z którymi borykają się MŚP.

Wysokie stopy procentowe i brak odpowiedniego zabezpieczenia to główne bariery stojące przed MŚP, gdzie banki zazwyczaj finansują duże przedsiębiorstwa i wolą się nimi zajmować ze względu na niski stopień ryzyka i zdolność tych przedsiębiorstw do zapewnienia wymaganych gwarancji.

Według kilku badań naukowych z ostatniej dekady, istnieją większe możliwości rozwoju i wzrostu islamskiego systemu finansowego, ponieważ społeczność muzułmańska chętnie sięga po produkty finansowe i jest gotowa spędzić życie zgodnie ze swoją religią. Islamskie Finanse to obiecujące rozwiązanie dla MŚP, aby spełnić wymogi formalnego finansowania. I może okazać się szczególnie skuteczny w ułatwianiu dostępu do finansowania dla MŚP.

Islamskie Finanse mają pewne cechy, które dają mu potencjał do efektywnego wspierania finansowania MŚP oraz wzrostu i rozwoju gospodarczego.

Według raportu z 2014 roku sporządzonego przez Międzynarodową Korporację Finansową Banku Światowego (IFC), w dziewięciu badanych krajach islamskich brakuje około 13,2 miliarda dolarów w finansach islamskich. Raport IFC zauważa, że pomimo rosnącego popytu na finansowanie islamskie wśród MŚP, tylko 36% banków z regionu MENA oferuje produkty dla MŚP, a tylko 17% z nich oferuje opcje islamskie.

Ma to mrożący wpływ na finansowanie MŚP, szczególnie w tych krajach, w których lokalne MŚP nie rozważają finansowania nieislamskiego. Na przykład w Arabii Saudyjskiej dane IFC zauważają, że aż 90% MŚP poszukuje jedynie usług bankowych zgodnych z szariatem . Kiedy sieć zostaje poszerzona o Irak, Pakistan, Jemen, Arabię Saudyjską, Jordanię, Tunezję, Maroko, Liban i Egipt, około 35% MŚP jest zniechęconych do zaciągania pożyczek z powodu braku islamskich opcji bankowych.

Jest to luka, którą mogą rozwiązać oferty islamskich finansów. Islamskie finanse pomagają promować rozwój sektora finansowego i poszerzają integrację finansową. Rozszerzając zakres i zasięg produktów finansowych, Islamic Finance może pomóc w poprawie dostępu do środków finansowych i sprzyjać integracji osób pozbawionych usług finansowych.

Pożyczki bankowe dla MŚP wydają się być dostosowane do islamskich praktyk bankowych opartych na pożyczkach relacyjnych, w przeciwieństwie do innych, bardziej konwencjonalnych form finansowania dłużnego. Kluczową przewagą konkurencyjną tego podejścia jest czysta przewaga kosztowa wynikająca ze zmniejszenia kosztów monitorowania.

Jednak charakter kontraktu może również zapewniać możliwości zwiększonego wzrostu i dodatkowej przewagi jakościowej opartej na posiadaniu zabezpieczenia, większym doświadczeniu kierowniczym i zmniejszeniu asymetrii informacji. Bankowość islamska i wykorzystanie islamskich produktów finansowych znacznie wzrosło w ostatnich latach. Czysta przewaga kosztowa powinna zapewnić bankom islamskim przyczółek na rynku kredytów dla MŚP. Dodatkowa przewaga jakościowa oznacza, że ta przewaga może być bardziej intensywna w tym sensie, że udział rynkowy banków islamskich może w zasadzie drastycznie wzrosnąć, przejmując cały rynek.

Islamska finanse kładzie nacisk na finansowanie w stylu partnerskim, które może być przydatne w poprawie dostępu do finansowania dla ubogich i małych firm. Może również pomóc w poprawie finansowania rolnictwa, przyczyniając się do poprawy bezpieczeństwa żywnościowego. W związku z tym islamskie finanse mogą pomóc zaspokoić potrzeby tych, którzy obecnie nie korzystają z konwencjonalnych finansów z powodów religijnych. Z 1,6 miliarda muzułmanów na świecie tylko 14% korzysta z banków. Może pomóc zmniejszyć ogólną lukę w dostępie do finansowania, ponieważ niemuzułmanom nie zabrania się korzystania z islamskich usług finansowych.

Jednak islamski system finansowy, działający równolegle z sektorem konwencjonalnym, jest również narażony na zasadniczo te same systemowe czynniki ryzyka i zmienności, co jego konwencjonalny odpowiednik, pomimo stałego tempa wzrostu. Różne sekcje tego rozdziału dokładniej analizują dynamikę wzrostu i zmiany strukturalne w islamskim przemyśle finansowym, jednocześnie oceniając aspekty stabilności finansowej w świetle zmieniających się globalnych warunków makroekonomicznych i finansowych.

Branża finansów islamskich gwałtownie się rozwinęła w ciągu ostatniej dekady, osiągając roczne stopy wzrostu przekraczające 15%. W większości krajów muzułmańskich aktywa bankowości islamskiej rosły szybciej niż tradycyjne aktywa bankowe.

Wszystkie zasady, na których opiera się Islamska Finanse, promując uczestnictwo, sprawiedliwość, prawa własności i etykę, są „wartościami uniwersalnymi".

A jednak, pomimo tych ważnych korzyści i wyraźnego potencjału, wciąż jest długa droga do wykorzystania maksymalnego potencjału Islamskich Finansów. Dziś stanowi mniej niż 1 procent globalnych aktywów finansowych i nadal jest bardzo skoncentrowany na kilku rynkach. Jest więc wyraźnie miejsce na rozwój, zwłaszcza że cechy produktów islamskich mogą przemawiać do znacznie szerszej grupy.

Zgodnie z tymi zasadami, Islamic Finance opracował konkretne produkty finansowe.

Po pierwsze, dwa podstawowe produkty finansowania to umowy partnerskie między pożyczkodawcą a pożyczkobiorcą oparte na zasadzie podziału zysków i strat: Musharaka i Mudaraba . Umowa Mudaraba opiera się na fakcie, że pożyczkodawca zapewnia kapitał, a pożyczkobiorca wysiłek i know-how. Zyski są dzielone między obie strony, natomiast straty są ponoszone wyłącznie przez pożyczkodawcę. Zgodnie z umową Musharaka zyski i straty są dzielone między pożyczkodawcę i pożyczkobiorcę, ponieważ wszystkie strony wniosły wkłady kapitałowe.

Po drugie, murabaha to sprzedaż narzutowa oparta na fakcie, że pożyczkodawca kupuje towar i sprzedaje go klientowi w zamian za cenę obejmującą pierwotny koszt i określoną marżę. Należy podkreślić, że cenę można spłacić w kilku ratach, co z perspektywy pożyczkobiorcy upodabnia murabaha do pożyczki z odsetkami. Istnieją jednak różnice między obiema formami finansowania. Z jednej strony nie ma interesu w tym sensie, że zwrot dotyczy sprzedaży towaru, a nie sprzedaży pieniędzy. Z drugiej strony, naliczanie kary za zwłokę jest zabronione.

Po trzecie, ijara odzwierciedla konwencjonalną umowę leasingową w Islamskim Finansach. Pożyczkodawca kupuje towar i wydzierżawia go klientowi na określony okres i zadany czynsz. Dlatego bank nie zarabia na pieniądzach zgodnie z prawem islamskim, ponieważ zamienia pieniądze na aktywa materialne, aby dokonać transakcji.

chociaż islamskie finanse nie są nowe i są praktykowane od wieków na całym świecie, ostatnio zyskały na popularności. Całkowite aktywa Islamskiego Finansów szacuje się na około 2 biliony dolarów, praktycznie dziesięciokrotny wzrost w porównaniu z dekadą temu i w wielu miejscach przewyższający wzrost konwencjonalnych finansów. Łatwo zauważyć atrakcyjność finansów islamskich. Oto tylko dwa:

Po pierwsze, inkluzywność: islamskie finanse mogą przyczynić się do wyższego i bardziej inkluzywnego wzrostu gospodarczego poprzez zwiększenie dostępu do usług bankowych dla zacofanych populacji. Do dziś duża część populacji muzułmańskiej – która jest głównym, ale nie jedynym rynkiem dla islamskich finansów na całym świecie – pozostaje finansowo niedofinansowana, a tylko jedna czwarta dorosłych ma dostęp do kont bankowych.

Ponadto, cechy podziału ryzyka Islamskiego Finansów i silne powiązanie kredytu z zabezpieczeniem oznaczają, że jest on dobrze dostosowany do małych i średnich przedsiębiorstw (MŚP) oraz finansowania początkowego – które, jak wiemy, może promować wzrost sprzyjający włączeniu społecznemu. Z tego samego powodu Islamic Finance wykazała swoją wartość w inwestycjach infrastrukturalnych, które mogą wywołać wzrost wydajności i katalizować wzrost o wysokiej wartości dodanej.

Po drugie, stabilność: islamskie finanse zasadniczo mają potencjał do promowania stabilności finansowej, ponieważ jego funkcja podziału ryzyka zmniejsza dźwignię, a jej finansowanie jest zabezpieczone aktywami, a zatem w pełni zabezpieczone. Ponadto, oprócz depozytów, banki islamskie oferują udziały w zyskach i konta przynoszące straty, które mogą pomóc złagodzić straty i zarażenie w przypadku niepokoju sektora bankowego. Prowadzi to de facto do wyższego całkowitego kapitału absorbującego straty, co jest jednym z kluczowych celów nowej globalnej reformy regulacyjnej.

Ponieważ MŚP są ważne dla gospodarki, islamskie banki i islamskie instytucje finansowe muszą odgrywać znaczącą rolę w finansowaniu tych przedsiębiorstw. Wspieranie MŚP jest jednym z celów instytucji religijnych, dlatego najważniejszym celem islamskich banków i islamskich instytucji finansowych jest przyczynienie się do rozwoju gospodarczego i społecznego społeczeństwa. Niniejsze badanie ma na celu analizę adekwatności islamskiego systemu finansowego do finansowania MŚP.

Od najmniejszych wiejskich wiosek w Bangladeszu po duże, tętniące życiem ośrodki metropolitalne w Kairze czy Stambule, małe i średnie przedsiębiorstwa (MŚP) są siłą napędową społeczności islamskich na całym świecie, utrzymując lokalne gospodarki w ruchu.

Ale chociaż MŚP odgrywają tak ważną rolę w światowej gospodarce, historycznie walczyły o uzyskanie niezawodnego dostępu do kapitału. Baza danych IFC Enterprise Finance Gap Database mówi nam, że od 55% do 68% MŚP w krajach rozwijających się jest albo finansowo niedostatecznie obsługiwanych, albo w ogóle nie jest obsługiwanych.

Te wysokie liczby przekładają się na znaczną utratę szans na rozwój rentownych przedsiębiorstw. Nawet w krajach G20 szacuje się, że MŚP borykają się z luką finansową w wysokości 1,3 biliona dolarów.

Według raportu ISFB większość przykładowych jurysdykcji bankowości islamskiej jest scharakteryzowana jako rynki, na których firmy zwykle polegają na sektorze bankowym w celu zaspokojenia swoich potrzeb finansowych, szczególnie w regionach Azji Południowej i Bliskiego Wschodu, gdzie rynki obligacji korporacyjnych są stosunkowo słabo rozwinięte i mają zaczął się rozwijać dopiero w ostatnich latach.

W rezultacie, ekspozycja na finansowanie działalności w próbie islamskiego sektora bankowego zasadniczo koncentruje się na przedsiębiorstwach sektora prywatnego i może obejmować finansowanie ich potrzeb w zakresie kapitału obrotowego, finansowanie projektów i finansowanie kapitałowe. Wśród kluczowych rynków bankowości islamskiej o wyższej koncentracji finansowania w sektorze prywatnym są Jordania (48%), Bahrajn (63%), Kuwejt (65%), Pakistan (69%), Bangladesz (78%) i Turcja (78%). . Na rynkach tych działa również duża liczba małych i średnich przedsiębiorstw, które w celu finansowania swoich potrzeb korzystają z kanałów finansowania bankowego, ponieważ wykorzystanie rynków obligacji nie jest możliwe dla MŚP ze względu na wyższe koszty i długotrwałe procesy związane z emisją instrumentów dłużnych.

Chociaż dostępne są niewystarczające dane, aby rozróżnić przykładowe ekspozycje banków islamskich na duże korporacje i MŚP, koncentracja ryzyka w sektorze prywatnym może budować podatność islamskiego sektora bankowego, gdyby ogólne spowolnienie makroekonomiczne pogorszyło się w gospodarce światowej, prowadząc do słabszego wzrostu na rynkach wschodzących.

Powody, dla których banki i pośrednicy finansowi zawiedli i mogą nadal zawodzić w wycenie ryzyka, a tym samym w optymalnym udzielaniu kredytów firmom, oraz możliwe regulacyjne środki naprawcze to kwestia, która z pewnością wymaga dalszego zbadania.

W niniejszym artykule postaram się dać wskazówki i wgląd w to, a także przedstawić niektóre z islamskich instrumentów finansowych, które są dostarczane przez rynek w szczególności w celu finansowania MŚP.

Zrozumienie MŚP

Wpływ małych i średnich przedsiębiorstw (MŚP) na strukturę, wyniki i przyszłe perspektywy gospodarki narodowej jest przedmiotem rosnącego zainteresowania decydentów na poziomie krajowym, regionalnym i globalnym. Odzwierciedla to fakt, że w większości krajów MŚP stanowią przeważającą większość firm i są głównym źródłem zatrudnienia. Dodajmy do tego dowody na to, że MŚP, a w szczególności młode małe firmy, od czasu kryzysu finansowego w 2008 r. przyczyniają się netto do wzrostu zatrudnienia, a uzasadnienie większego nacisku na wyniki MŚP staje się jasne.

Małe i średnie przedsiębiorstwa mają pozytywny wkład w zapewnianie i utrzymywanie zrównoważonego rozwoju gospodarczego i społecznego. Odgrywają również ważną rolę w obniżaniu poziomu bezrobocia i tworzeniu nowych możliwości zatrudnienia, a dzięki elastycznej strukturze produkcji mogą skuteczniej nadążać za zmianami warunków rynkowych. MŚP wnoszą kluczowy wkład w tworzenie miejsc pracy i generowanie dochodów; stanowią one dwie trzecie wszystkich miejsc pracy na całym świecie.

MŚP stanowią większość firm na świecie i odpowiadają za dużą część ich zatrudnienia. Według niektórych szacunków MŚP stanowią do 95% światowych firm i 80-90% całkowitego zatrudnienia w krajach rozwijających się. Jednak nie całe to zatrudnienie odbywa się w formalnych zakładach. Szacunki MOP sugerują: „... na świecie jest 420 do 510 milionów MŚP, z czego 9 procent to formalne MŚP (z wyłączeniem mikroprzedsiębiorstw)".

Ograniczenia rozwoju MŚP – w opinii właścicieli firm – to stosunkowo dobrze zbadany obszar. Trzy największe ograniczenia w poszczególnych krajach to dostęp do finansowania, dostęp do energii elektrycznej i konkurencja ze strony nieformalnych przedsiębiorstw. Jednak ograniczenia różnią się w zależności od poziomu rozwoju krajów, a także regionu .

Termin „MŚP" obejmuje szerokie spektrum definicji. Różne organizacje i kraje ustalają własne wytyczne dotyczące definiowania MŚP, często w oparciu o liczbę pracowników, sprzedaż lub aktywa. MŚP mają różne kształty i rozmiary; jednak w dzisiejszym złożonym środowisku biznesowym mogą mieć bliskie relacje finansowe, operacyjne lub zarządcze z innymi przedsiębiorstwami.

Relacje te często utrudniają precyzyjne wytyczenie granicy między MŚP a większym przedsiębiorstwem.

A- Definicje MŚP

Termin „MŚP" obejmuje szeroki zakres definicji, które różnią się w zależności od takich czynników, jak kraj, region geograficzny, poziom rozwoju i kultura biznesowa. Nawet w obrębie krajów definicje mogą się różnić lub nie istnieją. Ponadto sama definicja jest często powiązana z krajowymi programami wsparcia i innymi przepisami, co utrudnia przyjęcie jednej definicji. Mnogość definicji krajów dla MŚP uzupełniają definicje tworzone przez organizacje międzynarodowe i organizacje pozarządowe (NGO).

Specyficzne potrzeby i środowisko ich portfeli projektów często kierują takimi definicjami. Wiele kryteriów używanych do definiowania MŚP, takich jak liczba pracowników, wielkość aktywów, roczna sprzedaż lub roczna produkcja i tak dalej. Odzwierciedla to prawdopodobnie rozkład wielkości firm w regionach, w których działają te ostatnie instytucje, a tym samym poziom rozwoju gospodarczego.

Według (Abdelhamid i El Mahdi, 2003; Elasrag , 2010) trzy główne parametry ilościowe są powszechnie stosowane w definicjach MŚP. Oprócz tych parametrów ilościowych, kilka krajów dodało kryteria jakościowe do swoich definicji sektora M/MŚP. Ważne jest uwzględnienie zarówno aspektów ilościowych, jak i mierników jakościowych.

MŚP są motorem europejskiej gospodarki. Pobudzają tworzenie miejsc pracy i wzrost gospodarczy oraz zapewniają stabilność społeczną. W 2013 r. ponad 21 mln MŚP zapewniło 88,8 mln miejsc pracy w całej UE. Dziewięć na każde dziesięć przedsiębiorstw to MŚP, a MŚP generują dwa na każde trzy miejsca pracy. MŚP stymulują również ducha przedsiębiorczości i innowacyjność w całej UE, a zatem mają kluczowe znaczenie dla wspierania konkurencyjności i zatrudnienia.

Dystrybucja MŚP w różnych częściach świata

W Unii Europejskiej (UE) MŚP stanowią 99,8% wszystkich przedsiębiorstw, 66,9% zatrudnienia i 58,1% wartości dodanej. Przekłada się to na 88,8 mln miejsc pracy i ponad 3,6 bln EUR wartości dodanej, przy czym eksporterzy z MŚP stanowią 34% całkowitego eksportu UE, czyli 1,54 bln EUR.

W Stanach Zjednoczonych MŚP stanowią 99% wszystkich firm, zatrudniają 50% siły roboczej sektora prywatnego, wytwarzają ponad połowę pozarolniczego produktu krajowego brutto (PKB) i stanowią 34% całkowitych przychodów z eksportu.(Centrum Handlu Międzynarodowego (ITC), 2015; Komisja Handlu Międzynarodowego Stanów Zjednoczonych .

Dane z 10 krajów Azji Południowo-Wschodniej pokazują, że MŚP stanowią średnio 98% wszystkich przedsiębiorstw i zatrudniają 66% siły roboczej . Te MŚP generują około 38% PKB i około 30% całkowitej wartości eksportu.

W Chinach, największym światowym eksporterze, MŚP stanowią 41,5% całkowitego eksportu pod względem wartości, co wyraźnie podkreśla ich znaczenie dla chińskiej gospodarki.

Szacuje się, że w krajach Rady Współpracy Państw Zatoki Perskiej (GCC) MŚP generują 22% PKB, co stanowi stosunkowo niski udział w porównaniu z innymi częściami świata. Tendencja ta rozciąga się na zatrudnienie, przy czym MŚP stanowią jedynie około 40% zatrudnienia.

W regionie Ameryki Łacińskiej i Karaibów (LAC) MŚP stanowią 99% firm i 67% zatrudnienia. Ich wkład w PKB jest jednak stosunkowo niski. Dzieje się tak, ponieważ w krajach LAC duże firmy są sześć razy bardziej wydajne niż MŚP, w porównaniu z 2,4 razy w krajach należących do Organizacji Współpracy Gospodarczej i Rozwoju (OECD). Gdyby MŚP w krajach Ameryki Łacińskiej i Karaibów zmniejszyły tę różnicę w produktywności do poziomów występujących w krajach rozwiniętych, mogłyby osiągnąć ogromne zyski gospodarcze. Chociaż dostępnych jest niewiele ogólnoafrykańskich statystyk MŚP, wiadomo, że MŚP w Afryce dominują w środkach produkcji w większym stopniu niż w innych regionach. Na przykład w Ghanie MŚP stanowią 92% gańskich firm i wytwarzają około 70% PKB.

B- MŚP i dostęp do finansowania

Chociaż MŚP mają ten poziom znaczenia społeczno-gospodarczego, ich znaczenie i oddziaływanie nie są proporcjonalnie spotykane z mechanizmami wsparcia i kanałami, które ułatwiałyby rozwój istniejących MŚP, a także tworzenie nowych, i które zwiększałyby nawet ich znaczenie gospodarcze i społeczne. dalej. MŚP na całym świecie – zwłaszcza w krajach rozwijających się – stoją przed wyzwaniami, które mają w dużej mierze podobny charakter i obejmują ograniczony dostęp do finansowania, wysokie koszty transakcyjne, brak wykwalifikowanych zasobów ludzkich, niesprzyjające otoczenie prawne i regulacyjne, ograniczony dostęp technologii i nieodpowiedni dostęp do rynków. Jednak głównym wyzwaniem stojącym przed MŚP jest dostęp do finansowania.

Według bazy danych IFC Finance Gap Database, całkowita luka finansowa dla mikro, małych i średnich przedsiębiorstw (MMŚP) w krajach rozwijających się jest szacowana na 2,4 biliona

USD: z tej sumy luka w wysokości około 1,3 biliona istnieje w krajach G20 objętych Baza danych luk finansowych IFC).

Dostęp do finansowania jest zatem globalnym wyzwaniem zarówno dla krajów rozwiniętych, jak i rozwijających się i musi być bardziej szczegółowo uwzględniony przez decydentów politycznych, sektor prywatny, naukowców i agencje rozwoju, zwłaszcza w odniesieniu do tworzenia dobrobytu i możliwości. Szczególną uwagę należy zwrócić na przedsiębiorców, którzy dzięki innowacyjnym i szybko rozwijającym się przedsiębiorstwom mogą wspólnie znacząco przyczynić się do wzrostu gospodarczego, tworzenia miejsc pracy i dobrobytu w swoich krajach i regionach. Ta ogromna luka finansowa stwarza wielkie wyzwania, którym należy sprostać dzięki innowacyjnym i zróżnicowanym ofertom produktów finansowych, poprawiającym dostęp do finansowania dla MŚP na skalę globalną.

Według OECD wzrost kredytów dla MŚP w latach 2013-2014 przyspieszył w większości krajów uczestniczących. W 2014 r. znacznie wzrósł również udział kredytów dla MŚP w kredytach dla przedsiębiorstw ogółem. Wzrost ten wynikał w dużej mierze z lepszych warunków makroekonomicznych i finansowych w większości rozwiniętych gospodarek. Tendencja spadkowa liczby bankructw w większości uczestniczących krajów jeszcze bardziej podkreśla niedawną poprawę ogólnego środowiska MŚP. Poluzowały się również warunki kredytowe, podczas gdy stopy procentowe gwałtownie spadły w ostatnich latach w prawie każdym kraju uczestniczącym.

Niemniej jednak dostęp MŚP do kredytu bankowego pozostanie problemem w nadchodzących latach. Pomimo niedawnych usprawnień dostęp do finansowania pozostaje problematyczny w wielu gospodarkach, a wiele MŚP nadal boryka się z ograniczeniami kredytowymi. Chociaż warunki kredytowe ogólnie się poprawiły, średnio pozostają napięte. Co więcej, wiele instytucji finansowych kontynuuje delewarowanie, a ze względu na zaostrzone wymogi regulacyjne prawdopodobnie w nieproporcjonalny sposób wpłynie to na małe przedsiębiorstwa. Warunki kredytowe ogólnie złagodziły się w 2014 r., ale nadal stanowią wyzwanie dla wielu MŚP. Dzięki akomodacyjnej polityce pieniężnej w większości regionów świata stopy procentowe MSP obniżyły się w 2014 r., kontynuując tym samym trend spadkowy obserwowany w ostatnich latach. Ankiety dotyczące popytu wskazują na ciągłe łagodzenie warunków udzielania kredytów w większości uczestniczących krajów, w tym spadek wskaźników odrzucenia kredytów. Stopy procentowe również znacznie spadły w latach 2012-2014, na przykład o 40% w Szwecji, o 21% we Włoszech i o 20% w Korei. Jednocześnie utrzymują się duże różnice między krajami, przy czym standardy kredytowe pozostają stosunkowo surowe, a stopy procentowe stosunkowo wysokie w gospodarkach najbardziej dotkniętych kryzysem finansowym i związanym z nim kryzysem zadłużenia państwowego.

Odnosi się to również do kilku gospodarek wschodzących o stosunkowo wysokich stopach inflacji, takich jak Kolumbia czy Federacja Rosyjska, gdzie stopy procentowe wciąż były około czterokrotnie wyższe niż mediana wartości krajów uczestniczących.

Islamskie techniki finansowania dla MŚP

MŚP na całym świecie, zwłaszcza w krajach rozwijających się, stoją przed różnymi wyzwaniami, a dostęp do formalnego finansowania jest jedną z głównych przeszkód, z jakimi się borykają. Według badania IFC, blisko 45 do 55 procent formalnych MŚP na rynkach wschodzących nie ma dostępu do formalnych pożyczek instytucjonalnych lub nadliczbowych, pomimo ich potrzeby.

Luka finansowa jest większa w przypadku przedsiębiorstw mikro i nieformalnych – 65-72% wszystkich MMŚP na rynkach wschodzących nie ma dostępu do kredytów. Ponadto około 55-68 procent MŚP w krajach rozwijających się jest albo finansowo niedostatecznie obsługiwanych, albo w ogóle nie jest obsługiwanych, co skutkuje utratą szansy na wykorzystanie ich pełnego potencjału .

Dostęp do finansowania jest globalnym wyzwaniem, którym muszą zająć się bardziej szczegółowo różne powiązane organy i agencje. Globalnemu wyzwaniu można sprostać dzięki innowacyjnym i zróżnicowanym ofertom produktów finansowych. Jeśli chodzi o innowacyjne i zróżnicowane źródła finansowania dla MŚP i MMSP, jedną z możliwości jest określenie siły i potencjału finansowania partycypacyjnego, takiego jak Islamskie Finanse.

Różne narzędzia społeczno-ekonomiczne, z których Islamskie Finanse mogą dalej korzystać, obejmują zakat, waqf i qard al- hassan (życzliwa pożyczka) oraz społeczno-ekonomiczne instrumenty finansowe, które mają na celu zapewnienie pomocy finansowej ubogim, takie jak małe i zgodne z szariatem małe i średnie przedsiębiorstwa (MŚP) .

Popyt i podaż na finansowanie islamskich finansów i islamskich MŚP muszą być analizowane z różnych perspektyw, aby umieścić je w kontekście z czynnikami związanymi ze wspieraniem innowacyjnych rozwiązań finansowych, które zajmują się integracją finansową, jednocześnie służąc rosnącej populacji muzułmańskiej i ich preferencjom szariatu .

Na przykład pożyczki dla MŚP zgodne z szariatem stanowią tylko 7 procent wszystkich pożyczek w Egipcie, podczas gdy popyt na islamskie produkty finansowe wynosi około 20 procent . Arabia Saudyjska ma najmniejszą lukę między popytem (90 proc.) a podażą (67 proc.), ze względu na dużą liczbę islamskich banków w Arabii Saudyjskiej. Szacuje się, że około 32 procent MŚP w regionie MENA jest całkowicie wykluczonych z dostępu do finansowania, głównie z powodu braku produktów zgodnych z szariatem . Podejście banków, a zwłaszcza banków islamskich, polegające na unikaniu ryzyka, doprowadziło do wąskiego asortymentu produktów oferowanych MŚP w tych krajach.

Znaczna część MŚP poszukuje wyłącznie islamskich produktów bankowych w celu zaspokojenia swoich potrzeb finansowych i nie wybrałaby konwencjonalnych produktów bankowych ze względu na brak zgodności z szariatem . Problem popytu jest dodatkowo potęgowany, gdy ocenia się go od strony podaży; średni udział kredytów dla MŚP w portfelach banków MENA wynosi zaledwie 7,6 proc., ponieważ działalność kredytowa koncentruje się głównie na dużych klientach korporacyjnych i obligacjach rządowych .

Niezależnie od tego, w jaki sposób islamskie finanse są określane, w oparciu o podstawowe wartości promowania rozwoju gospodarczego poprzez portfolio rozwiązań finansowych opartych na aktywach i kapitałowych, wyraźną lukę finansową dla MŚP można rozwiązać i obsłużyć za pośrednictwem islamskiej bankowości i niebankowych usług finansowych.

Przeszkody, jakie napotykają banki w finansowaniu MŚP

Według badania IFC, banki napotykają na wiele przeszkód w finansowaniu małych i średnich przedsiębiorstw.

MŚP nie mają zdolności zarządczych do efektywnego zarządzania przedsiębiorstwami. Prowadzi to do nieefektywnej struktury operacyjnej, słabej sprawozdawczości finansowej i nierentownych operacji (wysokie zadłużenie). Ponadto MŚP działają głównie w sektorze nieformalnym. W związku z tym banki niechętnie udzielają kredytów MŚP i postrzegają je jako ryzykowne inwestycje.

Choć zostało to już podkreślone w kilku opracowaniach IFC, nadal warto zwrócić uwagę na istotne czynniki, które wpływają na podaż finansowania dla sektora MSP. Czynnikami są problemy specyficzne dla MSP (brak odpowiedniej struktury biznesowej), a także problemy, z jakimi borykają się banki w obsłudze sektora MSP (brak zdolności kredytowej dla MSP). Problemy ograniczające dostęp do finansowania są unikalne dla każdego kraju, ale kilka wspólnych tematów podkreśla te problemy.

Agencje wielostronne powinny zatem współpracować z rządowymi i prywatnymi interesariuszami w celu szkolenia MŚP w zakresie efektywnego zarządzania przedsiębiorstwami (np. IFC Business Edge). Zwiększyłoby to ich rentowność w dłuższej perspektywie i uczyniłoby je bardziej przyswajalnymi dla kredytów bankowych.

Większość banków nie ma możliwości udzielania kredytów sektorowi MŚP. Może to obejmować nieodpowiednie procesy, brak produktów specyficznych dla MŚP (zwłaszcza produktów islamskich), niewyszkolony personel i niewystarczający zasięg. Istotne ryzyka związane z wysokimi kosztami transakcji/obsługi klienta MSP również zniechęcają banki do koncentrowania się na sektorze MSP. Z powodu tych luk instytucjonalnych banki zwykle koncentrują się na wschodzących i średnich przedsiębiorstwach i korporacjach, które są bezpieczniejszymi inwestycjami niż MŚP, a banki już posiadają możliwości skutecznego udzielania pożyczek tym firmom.

Instytucje wielostronne i inne agencje muszą pomagać bankom w zwiększaniu zdolności instytucjonalnych poprzez szkolenie personelu i wprowadzanie produktów dla MŚP. Banki byłyby wówczas w stanie lepiej sprawdzać MŚP pod kątem udzielania kredytów, zwiększając w ten sposób przepływ kredytów do nich.

Brak informacji o MŚP to kolejny problem, z którym borykają się banki w różnych krajach. Brak biura kredytowego z odpowiednią informacją o MŚP jest istotną przeszkodą uniemożliwiającą bankom udzielanie im kredytów. Problem stwarza dużą szansę na stworzenie wyczerpującej bazy danych o MŚP, która wypełniłaby luki informacyjne i doprowadziła do zwiększenia podaży finansowania dla sektora MŚP.

Islamskie Finanse, jako alternatywna i etyczna metoda finansowania, kieruje fundusze na rzeczywiste działania gospodarcze zorientowane na wpływ; w ten sposób wykorzystuje zasoby ekonomiczne i finansowe, aby zaspokoić materialne i społeczne potrzeby wszystkich członków społeczności – w tym MŚP i innowacyjnych start-upów.

Głównymi fundamentami islamskich produktów finansowych są transakcje oparte na aktywach, wraz z opartym na akcjach charakterem podziału ryzyka i zysków. Każda z tych kategorii finansowania ma fundamentalną rolę do odegrania w zwiększaniu integracji finansowej MŚP i innowacyjnych przedsiębiorstw typu start-up, a także przyciąganiu potencjalnego kapitału od dostawców i źródeł kapitału islamskiego. .

Islamskie opcje finansowania dla MŚP

Rynki islamskie oferują różne instrumenty, aby na różne sposoby zadowolić dostawców i użytkowników funduszy: sprzedaż, finansowanie handlu i inwestycje. Podstawowe instrumenty obejmują finansowanie koszt plus (Murabaha), udział w zyskach (Mudaraba), leasing (ijara), partnerstwo (Mharaka) oraz sprzedaż na oddziale (bay'salam), sprzedaż z odroczonym terminem płatności (bay'mu'ajjal) oraz Kontrakty sprzedaży z odroczonym terminem dostawy (bay'salam) oprócz sprzedaży spot są wykorzystywane do prowadzenia sprzedaży kredytowej. W sprzedaży z odroczonym terminem płatności dostawa towaru odbywa się na miejscu, ale dostawa płatności jest opóźniona o uzgodniony okres. Płatności można dokonać ryczałtowo lub w ratach, pod warunkiem, że nie ma dodatkowej opłaty za opóźnienie. Sprzedaż z odroczoną dostawą jest podobna do kontraktu forward, w którym dostawa produktu następuje w przyszłości w zamian za zapłatę na rynku spot..

Instrumenty te służą jako podstawowe elementy budulcowe do opracowania szerokiej gamy bardziej złożonych instrumentów finansowych, co sugeruje, że istnieje duży potencjał innowacji finansowych i ekspansji na islamskich rynkach finansowych.

Odblokuj pełny potencjał islamskich finansów dla MŚP

Jakie są kluczowe elementy wymagane do odblokowania pełnego potencjału Islamskich Finansów w skuteczny i rozważny sposób? Widzę kilka priorytetów:

A. Tworzenie sprzyjającego środowiska

Pierwszym priorytetem jest wyrównanie szans i stworzenie sprzyjającego środowiska dla rozwoju islamskich finansów, przy jednoczesnym uważnym ryzyku.

Oznacza to dostosowanie przepisów finansowych, które uwzględniają cechy definiujące Islamskie Finanse i nie działają na niekorzyść islamskich banków. Na przykład, wymogi kapitałowe dla banków powinny być dostosowane do modelu podziału ryzyka i zysków islamskich finansów, który pozwala inwestorom ponosić pewne straty i zmniejsza wagi ryzyka stosowane do finansowania podobnego do kapitału.

Wyrównanie szans oznacza również harmonizację opodatkowania produktów Islamskich Finansów z podobnymi konwencjonalnymi umowami. Systemy podatku dochodowego zazwyczaj ujmują zyski z odsetek od instrumentów dłużnych jako koszt uzyskania przychodu. To nastawienie na zadłużenie stawia Islamskie Finanse w niekorzystnej sytuacji konkurencyjnej i zniechęca do finansowania z podziałem ryzyka. Niektóre kraje mogą już zaradzić tej niedogodności w ramach swoich istniejących systemów podatkowych, ale inne nadal muszą dokonać przeglądu swojego ustawodawstwa podatkowego.

Potrzeba większej spójności w stosowaniu regulacji i nadzoru wobec banków islamskich i zarządzania w różnych jurysdykcjach. Wyznawcy islamskich standardów — w tym Islamska Rada Usług Finansowych oraz Organizacja Księgowości i Audytu Islamskich Instytucji Finansowych — wykonali imponującą pracę w ustanawianiu zasad ruchu drogowego. W ten sposób nawiązali bliższą współpracę z konwencjonalnymi podmiotami ustalającymi standardy finansowe, co dobrze wróży globalnej stabilności finansowej.

Należy zrobić więcej, aby egzekwować te zasady. Obecne standardy nie są konsekwentnie stosowane we wszystkich krajach. Może to stłumić rozwój finansów islamskich lub zachęcić do ich rozwoju w sposób, który tworzy systemowe słabości.

B. Rozwój branży i rynków

Drugim priorytetem dla decydentów jest dalszy rozwój przemysłu i rynków.

Wiele krajów mogłoby zachęcić do dalszych ulepszeń w bankowości islamskiej, aby zwiększyć finansowanie małych i średnich przedsiębiorstw. Na przykład należy wzmocnić informacje o wiarygodności kredytowej MŚP, w tym dostępność zabezpieczeń. Potrzebne są dalsze wysiłki, aby wyszkolić dobrze wykwalifikowaną kadrę, która może pomóc zaspokoić wysoki popyt na produkty Islamskie Finanse. A banki islamskie muszą wzmocnić swoje zdolności zarządzania ryzykiem w zakresie udzielania kredytów dla MŚP.

Niektóre z tych inicjatyw będą prowadzone przez samą branżę. Inne również będą musiały odegrać swoje role – z regulatorami zapewniającymi, że istnieją odpowiednie systemy ryzyka kredytowego, z bankami rozwoju współpracującymi z bankami islamskimi w celu finansowania MŚP i budowania zdolności oraz z rządami wspierającymi edukację finansową i umiejętności czytania i pisania.

Oprócz wzmocnienia branży, wiele krajów mogłoby dalej rozwijać islamskie rynki finansowe.

Pomyśl o potencjale wzrostu Sukuk. W ciągu ostatniej dekady łączna wartość aktywów Sukuk wzrosła dziesięciokrotnie do około 300 miliardów dolarów. Większość tych aktywów nadal koncentruje się w państwach Zatoki Perskiej i Malezji. Ale zainteresowanie rośnie w innych częściach świata. Luksemburg, Hongkong, RPA i Wielka Brytania należą do rosnącej liczby innych krajów, które wyemitowały obligacje Sukuk w ostatnich latach.

Na przykład potrzebna jest bardziej regularna emisja obligacji państwowych o różnych terminach zapadalności, aby pomóc w ustaleniu poziomów odniesienia i rozwoju rynków wtórnych. Plany suwerennego Sukuka muszą być uwzględnione w rządowych strategiach zarządzania długiem. A rynek musi być wspierany przez silne ramy prawne i regulacyjne. Ta ostatnia pomogłaby rozwiązać problem utrzymującej się niepewności co do praw inwestorów.

Wiele krajów musi również rozwinąć rynki pieniężne i międzybankowe dla instrumentów zgodnych z szariatem , aby pomóc bankom islamskim w bardziej efektywnym zarządzaniu potrzebami płynnościowymi. Słabo rozwinięty rynek zmusza banki islamskie do utrzymywania nadmiernych buforów płynnościowych. Ogranicza również banki centralne w prowadzeniu polityki pieniężnej, szczególnie w krajach z dużymi islamskimi systemami bankowymi.

C. Zapewnienie stabilności finansowej

Trzecim priorytetem dla decydentów jest dalsze wzmocnienie regulacji i nadzoru w celu zapewnienia stabilności finansowej.

Potrzeba większej spójności międzynarodowej w stosowaniu standardów regulacyjnych i nadzorczych. Jest to niezbędne nie tylko dlatego, że pomaga wyrównać szanse, ale ponieważ pomaga zarządzać konkretnym ryzykiem związanym z Islamskimi Finansami i zapobiega arbitrażowi regulacyjnemu.

Jednocześnie powinniśmy zadbać o to, aby islamskie instytucje finansowe nie były niedostatecznie lub nadmiernie regulowane, a standardy zostały dostosowane tak, aby uwzględniały specyficzne cechy produktów islamskich.

Kluczowe będzie stopniowe wdrażanie wymogów kapitałowych i płynnościowych Bazylei dostosowanych do cech Islamskiego Finansów. To przejście może nie być łatwe dla banków islamskich, szczególnie jeśli chodzi o płynność. Można go jednak postrzegać jako szansę na rozwój nowych instrumentów i rynków i będzie trzeba je uzupełnić, aby zapewnić odporność krajowych systemów bankowych.

Islamskie finanse są już uważane za systemowo ważne w 10 krajach, gdzie stanowią ponad 15 procent wszystkich aktywów finansowych. Oczywiście wraz ze wzrostem wpływów pojawia się większa odpowiedzialność ze strony islamskich banków – i rosnąca potrzeba nadzoru.

Sieci bezpieczeństwa finansowego – w tym ubezpieczenia depozytów i kredytodawcy ostatniej instancji – również muszą ewoluować, aby uwzględnić specyficzne cechy Islamskiego Finansów. Bez tych ulepszeń kraje mogą nie mieć narzędzi do odpowiedniego reagowania na wstrząsy w poszczególnych instytucjach finansowych. Nie byłyby też w stanie zapobiec przeniesieniu się do konwencjonalnego systemu bankowego.

D. Strategiczne dostosowania operacyjne do docelowych MŚP

Aby wykorzystać potencjał finansowania i depozytów, banki islamskie muszą wyjść poza konwencjonalne podejście „jeden rozmiar dla wszystkich" i zapewnić MŚP zindywidualizowaną wartość dodaną, zbliżoną do tego, co obecnie oferuje wiele konwencjonalnych banków. Wymagane ramy kompetencji przedstawiono poniżej, w których banki musiałyby nabyć wymagane umiejętności do budowania i zarządzania udanym biznesem „islamskiej bankowości dla MŚP":

1- Strategia i segmentacja

Dedykowana muzułmańska strategia i model biznesowy bankowości dla MŚP ma kluczowe znaczenie: banki musiałyby przyjąć określone podejście do segmentacji rynku, aby móc lepiej zrozumieć dynamikę rynku, określić ilościowo możliwości biznesowe, zbudować odpowiednie propozycje i wdrożyć optymalny model operacyjny. Brak wiedzy klientów na temat banków i instytucji (zwłaszcza islamskich), które oferują propozycje finansowania MŚP, tworzy ogromną lukę podażową. Banki islamskie mogą wypełnić tę lukę poprzez efektywne brandingowanie i marketing islamskich propozycji dla MŚP, a także poprzez tworzenie oddzielnych jednostek biznesowych/działów o wyspecjalizowanych strategiach dla MŚP.

2- Produkty i usługi

Rozwiązania pożyczkowe: Tradycyjne produkty mogą teraz pozwolić bankom na uzyskanie wymaganej skali dla dochodowego portfela islamskich MŚP. W związku z tym konieczne byłoby dostosowanie istniejących produktów bankowości korporacyjnej i detalicznej oraz, co ważniejsze, budowanie programów produktowych i podejść portfelowych. Oferowanie usług niepożyczkowych: banki islamskie powinny poszerzyć ofertę produktów i usług, oferując usługi niepożyczkowe, takie jak zarządzanie gotówką, zarządzanie płacami, płatności, windykacje i rozwiązania w zakresie finansowania handlu. Należy również rozważyć usługi bankowości internetowej i bankowości mobilnej wraz z przepisami dotyczącymi kart debetowych przeznaczonych dla MŚP z dziennymi limitami.

3- Sprzedaż i dostawa

Banki islamskie powinny wykorzystywać nowe modele bankowości MŚP, aby dotrzeć do MŚP. Korzystanie z bankowości mobilnej w celu zwiększenia integracji finansowej i obniżenia kosztów administrowania kontem może być dobrym początkowym krokiem.

Wykorzystywanie korespondentów bankowych w celu zapewnienia łączności na ostatnim etapie usług bankowych również mogłoby być obszarem zainteresowania. Banki islamskie mogłyby tworzyć oddziały dla MŚP w kluczowych klastrach MŚP. Ponadto banki islamskie muszą usprawnić lub dostosować swoje procesy realizacji transakcji, aby ułatwić wykonywanie transakcji islamskich dla MŚP.

4- Usługi doradcze

Koncentracja na usługach doradczych: Większość MŚP nie posiada wystarczającej wiedzy na temat finansów i zarządzania, umiejętności biznesowych (takich jak modelowanie finansowe, planowanie przyszłości i prognozowanie) oraz informacji związanych z przepisami i regulacjami rządowymi, które mają wpływ na ich funkcjonowanie. Ten deficyt wiedzy uniemożliwia MŚP przekształcenie się w większe i bardziej zrównoważone przedsiębiorstwa. Banki islamskie powinny zapewniać MŚP usługi doradcze, aby wspierać i ułatwiać wzrost.

5- Organizacja i systemy

Lepsze szkolenie dla profesjonalistów z sektora MŚP: W instytucjach finansowych brakuje personelu posiadającego wiedzę na temat produktów zgodnych z szariatem z powodu niewystarczającej ilości czasu i wysiłku poświęconego na ich szkolenie. Aby temu zaradzić, instytucje finansowe muszą wprowadzić lepsze procedury szkoleniowe do swoich ram organizacyjnych. Inwestowanie w szkolenia pracowników pozwoliłoby bankom islamskim na skuteczniejszą obsługę MŚP i pomogłoby zwiększyć penetrację rynku.

6- Zarządzanie ryzykiem

Przyjmuj lepsze i bardziej wyrafinowane metodologie: Większość instytucji finansowych polega na tradycyjnych podejściach bankowych do identyfikowania i kierowania rentownymi MŚP. Instytucje finansowe muszą zastosować odpowiednie techniki oceny kredytowej (takie jak scoring behawioralny, scoring kredytowy oraz kredyty oparte na przepływach pieniężnych i programach) oraz zbudować silniejsze systemy wczesnego ostrzegania i ramy windykacji, aby lepiej kierować MŚP i zarządzać nimi, efektywniej wyceniać produkty i zmniejszać narażenie na ryzyko .

Usprawnienie procesów ubiegania się o kredyt dla MŚP: MŚP napotykają trudności w ubieganiu się o kredyty ze względu na ilość wymaganej dokumentacji i długi proces zatwierdzania (ponad miesiąc). Większość MŚP nie posiada dokumentacji wymaganej do ubiegania się o pożyczkę. Potrzeby finansowe MŚP są pilne w porównaniu z wymaganiami dużych przedsiębiorstw korporacyjnych. W rezultacie proces zatwierdzania musi zostać skrócony. Banki islamskie muszą usprawnić procesy i skupić się na budowaniu relacji z MŚP (obecnymi i potencjalnymi klientami), co zapewniłoby szybkie udzielanie kredytów.

Aby zdobyć wymagane kompetencje dla zrównoważonego, dochodowego i wysoko wydajnego portfela islamskich MŚP, banki mogą potrzebować pomocy technicznej. Bankowość MŚP jest specjalizacją trudno dostępną w regionie MENA, a banki w Pakistanie nie były w stanie zająć się tym segmentem ze względu na brak zrozumienia dyscyplin bankowych MŚP, najlepszych praktyk biznesowych i zarządzania ryzykiem.

Rozdział 5
Gospodarka halal i finanse islamskie

Szacuje się, że globalny przemysł halal jest wart około 2,3 biliona dolarów (z wyłączeniem Islamskiego Finansów). Rozwijając się w szacowanym rocznym tempie 20%, branża jest wyceniana na około 560 miliardów dolarów rocznie. Tym samym jest to jeden z najszybciej rozwijających się segmentów konsumenckich na świecie. Globalny rynek halal liczący 1,8 miliarda muzułmanów nie ogranicza się już do żywności i produktów związanych z żywnością. Przemysł halal rozszerzył się obecnie poza sektor spożywczy, obejmując farmaceutyki, kosmetyki, produkty zdrowotne, przybory toaletowe i urządzenia medyczne, a także elementy sektora usług, takie jak logistyka, marketing, media drukowane i elektroniczne, opakowania, branding i finansowanie.

A. **Możliwość targu halal**

W ostatnich latach, wraz ze wzrostem liczby zamożnych muzułmanów, przemysł halal rozszerzył się dalej o oferty lifestylowe, w tym podróże halal i usługi hotelarskie, a także modę. Ten rozwój został wywołany zmianą sposobu myślenia konsumentów muzułmańskich, a także etycznymi trendami konsumenckimi na całym świecie.

Rynek halal nie jest wyłączny dla muzułmanów i zyskał coraz większą akceptację wśród niemuzułmańskich konsumentów, którzy kojarzą halal z etycznym konsumpcjonizmem. W związku z tym wartości promowane przez halal - odpowiedzialność społeczna, zarządzanie ziemią, sprawiedliwość ekonomiczna i społeczna, dobrostan zwierząt i inwestycje etyczne - zyskały zainteresowanie wykraczające poza religijną zgodność. Popularność i popyt na produkty z certyfikatem halal wśród konsumentów niemuzułmańskich rośnie, ponieważ coraz więcej konsumentów poszukuje produktów wysokiej jakości, bezpiecznych i etycznych.

Nie jest już tylko obowiązkiem religijnym lub przestrzeganiem dla muzułmanów, halal (co oznacza „zgodny z prawem" lub „dopuszczalny") stał się potężną siłą rynkową, stając się coraz bardziej ogólnoświatowym fenomenem rynkowym zarówno dla muzułmanów, jak i niemuzułmanów. Dodatek „Halal" do produktu jest nie tylko gwarancją, że produkt jest dozwolony dla muzułmanów, ale stał się także globalnym symbolem zapewnienia jakości i wyboru stylu życia. Widać to po uczestnictwie i zaangażowaniu krajów i organizacji niemuzułmańskich, w których halal szybko staje się standardem z wyboru. Wiele krajów zachodnich dostrzegło pojawiający się globalny trend konsumpcjonizmu w kierunku produktów i usług halal, a teraz ścigają się, aby zdobyć pozycję w branży halal.

Na podstawie raportu ONZ islam jest drugą co do wielkości religią po chrześcijaństwie. Statystyki ONZ odnotowały roczny wzrost liczby muzułmanów o około 6,4% w porównaniu do 1,46% dla chrześcijaństwa. Według tych samych statystyk 1 na 5 osób na świecie jest muzułmaninem z urodzenia lub geografii. Opierając się na wcześniejszych statystykach, muzułmanie stanowią ogromny globalny rynek produktów i usług halal, a ponieważ muzułmanie ogólnie mocno trzymają się zasad religijnych i są coraz bardziej wyczuleni i wrażliwi na halalność swojego stylu życia, zwłaszcza żywności, perspektywa rynku halal jest ogromny. Dlatego, aby wykorzystać ogromną szansę, jaką stwarza przemysł halal, kilka aspektów dotyczących koncepcji halal musi zostać wziętych pod uwagę przez wszystkich, w tym niemuzułmańskich biznesmenów. Poniższe środki przedstawiają zwycięskie podejście dla branży halal do uzyskania przewagi konkurencyjnej na tym obiecującym i lukratywnym rynku.

Szacuje się, że muzułmanie stanowią 23% światowej populacji lub około 1,8 miliarda konsumentów ze średnią stopą wzrostu 3% rocznie.

Rynek ten zapewnia ogromny potencjał firmom, organizacjom i innym osobom z Zachodu i krajów muzułmańskich i znajduje się na stromej ścieżce wzrostu. Oczekuje się, że globalna populacja muzułmańska wzrośnie o około 35 procent w ciągu najbliższych 20 lat, z 1,6 miliarda w 2010 roku do 2,2 miliarda w 2030 roku, czyli 26,4 procent całkowitej przewidywanej populacji świata wynoszącej 8,3 miliarda. Do roku 2050 populacja muzułmańska może wzrosnąć do 2,6 miliarda i stanowić prawie 30 procent przewidywanej światowej populacji.

Oczekuje się, że do 2030 r. 79 krajów będzie posiadać milion lub więcej muzułmańskich mieszkańców, w przeciwieństwie do obecnych 72 krajów. Chociaż wielu zachodnich biznesmenów może nie zdawać sobie z tego sprawy, większość muzułmanów na świecie (ponad 60 procent) nadal będzie mieszkać w regionie Azji i Pacyfiku, podczas gdy około 20 procent będzie mieszkać na Bliskim Wschodzie iw Afryce Północnej. Muzułmanie pozostaną stosunkowo niewielką mniejszością w Europie i obu Amerykach, ale będą stanowić coraz większy udział w całej populacji w tych regionach. Aby odnieść sukces w Azji, a także na Bliskim Wschodzie i w Afryce Północnej, zachodnie firmy muszą nauczyć się rozumieć i zajmować się rynkiem muzułmańskim na dużą skalę.

Jeden czynnik demograficzny sprawia, że rynek muzułmański jest szczególnie atrakcyjny dla różnych firm – jest w dużej mierze młody i należy do wschodzącej klasy średniej na drodze do większej konsumpcji. Doktryna islamska w zasadzie nie jest ascetyczna i nie zniechęca do handlu ani konsumpcjonizmu. Podobnie nie oddziela państwa od religii, co oznacza, że muzułmanie praktykują swoją wiarę w parze z politycznymi, społecznymi i kulturowymi rolami, jakie odgrywają w społeczeństwie.

W krajach z większością i mniejszością islamską w Azji, na Bliskim Wschodzie, w Afryce i Europie działalność gospodarcza ulega eskalacji, a handel islamski szacuje się obecnie na biliony dolarów.

Firmy zaczynają rozumieć wielką szansę, jaką reprezentuje muzułmański konsument. Ale zajęcie się tym rynkiem nie jest tak proste, jak zajmowanie się innymi rynkami konsumenckimi miliardów populacji, takimi jak Indie i Chiny. Po pierwsze, społeczność muzułmańska nie jest jedną, jednorodną grupą. Muzułmanie żyją w każdym kraju na świecie, reprezentują każdą rasę i pochodzą z każdej warstwy społecznej i ekonomicznej. I choć łączy ich wspólny wątek swoich przekonań, mają własne kulturowe, regionalne czy lokalne niuanse, preferencje i praktyki.

Chociaż islam jest często kojarzony ze światem arabskim i Bliskim Wschodem, region ten zamieszkuje tylko 20% światowej populacji muzułmańskiej. Oczekuje się, że liczba ta wzrośnie o ponad jedną trzecią w ciągu najbliższych dwóch dekad.

Afryka Subsaharyjska stanowi 15% muzułmanów na całym świecie i przewiduje się, że w ciągu najbliższych dwóch dekad wzrośnie o prawie 60%. Około jedna piąta muzułmanów mieszka w kraju lub regionie, w którym stanowią mniejszość. Chociaż muzułmanie pozostaną mniejszością w Europie i obu Amerykach, będą stanowić coraz większy udział w całej populacji.5 Oczekuje się, że społeczność muzułmańska w Europie wzrośnie o prawie jedną trzecią, z 44,1 miliona w 2010 roku do 58,2 miliona w 2030 roku. Oczekuje się, że w tym samym okresie liczba muzułmanów podwoi się.

Duży i rosnący muzułmański rynek konsumencki na całym świecie będzie nadal napędzał dwucyfrowy wzrost przemysłu halal, tworząc mnóstwo możliwości na rynku produktów i usług halal.

Rosnąca świadomość konsumentów muzułmańskich na temat ich obowiązków religijnych przyczyniła się również do wzrostu popytu na produkty i usługi halal. Demografia muzułmanów uległa w ostatnich latach znacznym zmianom. Obecnie istnieje fala religijnego zapału wśród rosnącej klasy społecznej młodych, wysoko wykształconych, bystrych i zamożnych muzułmanów, którzy przyjmują „islamskiego współczesnego z globalnym stylem życia". To nowe pokolenie muzułmanów preferuje produkty w stylu zachodnim i aspiruje do nowoczesnego stylu życia, ponieważ stają się bardziej zintegrowani z globalną gospodarką jako konsumenci, pracownicy, podróżnicy, inwestorzy, producenci, detaliści i handlowcy. To stworzyło światowy popyt na produkty i usługi głównego nurtu, które są zgodne z wartościami islamu.

Różnorodność muzułmańskiego konsumenta może okazać się wyzwaniem dla tych, którzy postrzegają rynki jako obszary geograficzne i dla których pojęcie islamskiej świadomości działającej ponad granicami rynku jest obce. Gospodarki muzułmańskiej nie da się tak łatwo zdefiniować jak inne rynki transgraniczne, takie jak „zielona gospodarka" czy „różowy dolar".

Ekonomista Ben Simpfendorfer sugeruje, że silne kulturowe i historyczne powiązania między światem muzułmańskim i niemuzułmańskim zaczynają wysuwać się na pierwszy plan. Podaje przykład Chin jako kraju, który wykorzystuje muzułmańską szansę.

W swojej książce „Nowy Jedwabny Szlak" przytacza przykład miasta Yiwu , gdzie około 200 000 obywateli arabskich co roku odwiedza chińskie nadmorskie miasto, ponieważ szczyci się największym rynkiem hurtowym towarów konsumpcyjnych w Chinach. Tym, co wyróżnia Yiwu , jest ułatwienie handlu, szczególnie dla muzułmańskich nabywców z Bliskiego Wschodu i spoza niego. Oprócz produktów, które przemawiają do muzułmańskich konsumentów, sukces Yiwu polega na podejściu z otwartymi ramionami, które rząd chiński pokazał muzułmańskim handlowcom i konsumentom. Rząd wybudował salę modlitewną dla prawie 10 000 wiernych, żywność halal jest łatwo dostępna, a wyznaczeni i dotowani przez rząd duchowni prowadzą modlitwy – to w czasie, gdy rządy na zachodzie kwestionują minarety w meczetach (Szwajcaria) lub publiczne spotkania modlitewne (Francja).

Dla marek, które znajdują sposoby na objęcie i zaangażowanie muzułmańskiego konsumenta, nagrody są bogate. Inteligentna, przekonująca komunikacja odegra kluczową rolę w ukierunkowaniu na rynek konsumencki, który już reprezentuje prawie jedną czwartą ludzkości.

Wiele już napisano o islamskich finansach i możliwościach Halal, i to bardziej szczegółowo, niż to omawiamy. Naszym celem w tym raporcie jest zaznaczenie rozwoju szansy, podkreślenie, gdzie tkwi największy potencjał oraz przeanalizowanie kwestii komunikacji i reputacji, o których firmy muszą być świadome.

Chociaż rynek ma wiele aspektów i segmentów niszowych, zrozumienie ogólnego terminu „Halal" ma fundamentalne znaczenie dla podejścia do tego rynku.

Największą szansą na rynku Halal jest niewątpliwie jedzenie, w którym również leży największe wyzwanie. Rzeczywiście, termin halal stał się synonimem, w niektórych krajach mniejszości muzułmańskiej, z pożywieniem i jest prawie powszechnie kojarzony z rytualnym ubojem (lub

Zabiah) zwierząt. To zawęziło dyskurs wokół Halal, ograniczając koncentrację wielu organizacji i przyczyniając się do nieporozumień i problemów z reputacją.

W opinii niektórych nie-muzułmanów Halal sprzeciwia się ogólnej wrażliwości, wymagając ekstrakcji całej krwi z mięsa (w podobny sposób jak koszerne jedzenie). W ten sposób Halal stał się dla niektórych odbiorców słowem negatywnym. Jednak biorąc pod uwagę wielkość rynku i względną łatwość, z jaką żywność można „przerobić" na Halal, niektóre firmy po cichu wprowadziły „Halal potajemnie". Ale to tylko zaostrzyło problem i, w świetle tego raportu, powstrzymało szerszą dostępność i akceptację produktów Halal.

Współczesne życie jest w dużej mierze pod wpływem nauki i technologii, a następnie wpłynęło to na halalowy aspekt codziennych czynności. W ludzkiej naturze leży pragnienie wszystkiego, co dobre w życiu w postaci odzieży, jedzenia, mieszkania, interakcji z bliźnimi i zdrowego środowiska. W islamie wszystko, co jest halal, przynosi ludzkości dobro i dobrobyt, nie jest szkodliwe dla życia iw efekcie wznosi człowieka na wyższy poziom w tym świecie.

Z drugiej strony coś, co jest haram, jest postrzegane jako fizycznie i duchowo nieczyste, gorsze i ułomne, cechy, które są naturalnie odrażające dla ludzkości. Wszystko haram stanowi szkodliwe elementy, które wpływają na psychikę człowieka i jego samopoczucie fizyczne. Badania integrujące koncepcję halal z nauką skupiają się na uniwersalnych korzyściach, naturalnym usposobieniu człowieka, zdrowiu, czystości i jakości. Koncepcja halal zawiera uniwersalną naturę islamu. Dlatego godne pochwały są badania naukowe związane z koncepcją halal.

Szanuj wierzenia innych: niemuzułmańscy producenci żywności muszą być świadomi i szanować wierzenia i zasady muzułmanów dotyczące halal, które obejmują żywność, ubrania, transakcje finansowe i inne. Jest to część systemu wierzeń i moralnego kodeksu postępowania integralnego z codziennym życiem muzułmanów. Dlatego byłoby niemądre i szkodliwe dla producentów celowe rzucanie wyzwania muzułmanom poprzez wprowadzanie elementów niehalal do żywności, odzieży i usług uważanych za halal, ponieważ podważy to zaufanie konsumentów, a w konsekwencji zmniejszy ich integralność. produktów i stanowią wyzwanie dla rozwoju tego rynku.

B. Segmenty rynku halal

Należy najpierw stwierdzić, że islamski system żywieniowy i konsumpcyjny jest inny i wyjątkowy w porównaniu z innymi etnicznymi systemami żywieniowymi. Społeczność światowa zaczęła teraz rozumieć znaczenie wymagań muzułmanów dotyczących żywności i innych rodzajów konsumpcji, znanych jako halal. Rynek certyfikowanej żywności i produktów halal rozwija się dynamicznie, zarówno w kraju, jak i za granicą. Chociaż termin halal nigdy nie przyciągał tak dużej uwagi jak w ostatnich czasach, dziś wszędzie tam, gdzie są muzułmańscy konsumenci, których gusta i preferencje rządzą zasadami halal dotyczącymi specyfikacji żywności, istnieje rynek żywności halal. Każdy muzułmanin musi upewnić się, że to, co je, pochodzi ze źródła halal. Oznacza to nie tylko sprawdzenie samych składników, ale także zapewnienie, że cały proces jest zgodny z zasadami szariatu .

1. Żywność

Kierowany rosnącym popytem rynek żywności Halal nadal nabiera tempa w globalnym łańcuchu dostaw żywności. Raport o stanie globalnej gospodarki islamskiej 2015/16 szacuje, że wielkość i profil rynku

- Globalne wydatki konsumentów muzułmańskich na żywność i napoje wynoszą 1,128 mld USD (17% globalnych wydatków):

Raport szacuje, że światowe wydatki muzułmanów na żywność i napoje (F&B) wyniosły w 2014 roku 1128 miliardów dolarów. Całkowite globalne wydatki na żywność i napoje w tym samym okresie szacuje się na 6 755 miliardów dolarów w 2014 roku, co czyni muzułmański rynek żywności 16,7% światowych wydatków.

Dla porównania, jest to wzrost o 4,3% w porównaniu z wydatkami muzułmańskimi na żywność i napoje w 2013 r., które wyniosły 1081 mld USD (odzwierciedlając skorygowaną metodologię prognoz). Oczekuje się, że wydatki muzułmanów na żywność wzrosną do 1585 miliardów dolarów do 2020 roku i będą stanowić 16,9% światowych wydatków. Odpowiada to wzrostowi CAGR w latach 2014-20 o 5,8%.

W oparciu o całkowitą konsumpcję żywności, kraje o największej konsumpcji muzułmańskiej żywności to Indonezja (158 miliardów dolarów), Turcja (110 miliardów dolarów), Pakistan (100,5 miliarda dolarów) i Iran (59 miliardów dolarów) według szacunków z 2014 roku. Dla porównania, globalny globalny rynek muzułmańskich napojów i napojów jest większy niż konsumpcja napojów i napojów na największych rynkach geograficznych w 2014 r., takich jak Chiny (797,8 mld USD), Stany Zjednoczone (741,2 mld USD), Japonia (367,3 mld USD) i Indie (335,7 mld USD). Geograficznie 16% muzułmańskiej konsumpcji żywności przypada na kraje spoza OIC. Świadectwem siły tego sektora jest to, że sukces rynku żywności Halal pozostaje stały w różnych kulturach i kontynentach. W Malezji Nestle Malaysia i jej Halal Center of Excellence stały się największymi producentami produktów Halal na świecie. W

Stanach Zjednoczonych Saffron Road z produktami halal i produktami organicznymi stała się wzorem sukcesu zarówno dla muzułmańskich, jak i niemuzułmańskich przedsiębiorców. Od Azji po Amerykę sektor żywności halal staje się głównym źródłem wzrostu zarówno w islamskiej, jak i globalnej gospodarce. Oczywiście są też wyzwania. Trwa ciągła walka o standardy żywności Halal i akredytację, a w krajach OIC wymagana jest większa edukacja w zakresie takich tematów. Niedawny zakaz uboju Halal i koszerności w Danii wraz z przerażającymi historiami dotyczącymi żywności Halal w mediach odzwierciedla obecne nastawienie dominujące w Europie i coraz bardziej w Stanach Zjednoczonych, które jest podejrzliwe wobec muzułmańskich i islamskich zwyczajów i rytuałów na placu publicznym. Zaangażowanie i przezwyciężenie tych wyzwań będzie miało kluczowe znaczenie dla przyszłego sukcesu sektora spożywczego Halal.

Rynek halal staje się obecnie jedną z najbardziej dochodowych i wpływowych aren rynkowych w światowym biznesie spożywczym. Rynek żywności halal znacznie się rozwinął w ciągu ostatniej dekady i obecnie jest wart około 667 milionów dolarów. Żywność halal stanowi blisko 20% całego światowego przemysłu spożywczego. Przy spodziewanym wzroście zarówno populacji, jak i dochodów konsumentów halal oraz w połączeniu z oczekiwanym wzrostem popytu na żywność o ponad 70% do 2050 r., przyszły popyt na żywność halal jest silny.

Wielu ekonomistów żywności uważa, że przemysł spożywczy halal stanie się główną siłą rynkową w najbliższej przyszłości w oparciu o cztery dominujące trendy. Po pierwsze, islam jest obecnie najszybciej rozwijającą się religią na świecie, co napędza globalny popyt na produkty halal. Roczny wzrost spożycia żywności halal szacuje się na 16%. Po drugie, rosnący trend spożywania produktów spożywczych halal ze względów etycznych i bezpieczeństwa przez konsumentów niemuzułmańskich. Na przykład w Wielkiej Brytanii jest ponad 2 miliony muzułmanów, ale jest 6 milionów konsumentów mięsa halal8. miliardów rocznie.9 Te dwa czynniki łącznie sprawiły, że produkty halal stały się głównym nurtem towarów konsumpcyjnych. Trzeci to rosnąca siła konsumentów halal jako siły rynkowej w połączeniu ze wzrostem populacji muzułmańskiej i jej rosnącym dochodem do dyspozycji. Wreszcie wśród muzułmanów rośnie świadomość potrzeby i konieczności spożywania wyłącznie żywności halal. Dobrym przykładem takiej rosnącej świadomości konsumentów jest szybki wzrost rocznej sprzedaży żywności halal w całej Rosji oraz rosnące zapotrzebowanie na produkty halal od 30% do 40% rocznie.

Jeszcze dziesięć lat temu produkty halal były oferowane w tradycyjnych narożnych sklepach i okolicznych rzeźnikach. Rynek halal był świadkiem powszechnej zmiany w łańcuchach popytu i dostaw produktów spożywczych halal. Coraz częściej są one dostępne w sklepach spożywczych w stylu zachodnim, w tym w supermarketach i sieciach hipermarketów. W wielu krajach zachodnich supermarkety i producenci żywności zaczynają docierać do konsumentów muzułmańskich, oferując szerszy wybór produktów spożywczych halal. Żywność halal staje się coraz bardziej częścią zachodniej diety i stała się wielomiliardowym światowym przemysłem, w którym biorą udział międzynarodowe koncerny, takie jak Tesco, Unilever i Nestlé, które agresywnie rozszerzyły swoje linie produktów z certyfikatem halal. Do tej pory Nestle jest największym producentem żywności w sektorze halal z roczną sprzedażą przekraczającą 5 miliardów dolarów. Żywność halal stanowi około 35% globalnej sprzedaży Nestle.

Z perspektywy rynkowej tradycyjne główne rynki docelowe pozostają w Azji i na Bliskim Wschodzie. Jednak rynki halal w Wielkiej Brytanii, Europie i USA znacznie zwiększą swoją rolę w rozwoju rynku halal, ponieważ są to rynki, które odgrywają definiującą rolę na innych rynkach na całym świecie. Wprowadzi halal do globalnego mainstreamu. Ponieważ dynamika w świecie muzułmańskim zmienia się, a trendy globalizacji nadal kształtują gusta, nawyki i wzorce wydatków konsumentów na całym świecie; jest wysoce prawdopodobne, że rozwijające się rynki halal będą odgrywać coraz bardziej wpływowe role na ustabilizowanych rynkach Bliskiego Wschodu i Azji, szczególnie wpływając na globalne korporacyjne strategie halal.

Nic dziwnego, że najwięksi producenci i eksporterzy żywności halal znajdują się w krajach niemuzułmańskich, takich jak USA, Brazylia, Argentyna, Australia i Chiny. Ze względu na tradycyjny charakter rynku szacuje się, że firmy międzynarodowe z tych krajów kontrolują 90% światowego rynku halal. Na przykład w Malezji muzułmańscy konsumenci przeznaczali na mięso średnio 14% swojego budżetu na żywność. 60% mięsa halal importuje się z Indii, Australii i Nowej Zelandii. Inne kraje muzułmańskie, w tym Arabia Saudyjska, Algieria i Egipt, również importują mięso z krajów niemuzułmańskich, aby zaspokoić lokalny popyt konsumpcyjny. Kraje takie jak Brazylia, Argentyna, Nowa Zelandia i Australia stały się liderami rynku w eksporcie mięsa halal i drobiu.

Produkty spożywcze halal nie ograniczają się do mięsa i drobiu, w tym innych artykułów spożywczych, takich jak słodycze, żywność w puszkach i mrożona, produkty mleczne, produkty piekarnicze, żywność ekologiczna, napoje i produkty ziołowe. Zmieniający się styl życia i wzrost siły nabywczej muzułmanów oznacza, że istnieje powszechny popyt na gotową żywność wygodną, a także pakowaną żywność, która nadal jest zgodna z islamskimi przepisami żywieniowymi. Inny rozwijający się sektor żywności obejmuje substytuty produktów, które tradycyjnie zawierają składniki niehalal (haram), takie jak żelatyna wieprzowa lub alkohol. Produkty te, w tym jogurt, herbatniki i czekoladki, są obecnie modyfikowane, aby mogły być sprzedawane jako halal.

2. Produkty farmaceutyczne i zdrowotne

Produkty farmaceutyczne i zdrowotne są również dużymi obszarami wzrostu w globalnym przemyśle halal. Szacuje się, że w krajach z większością muzułmańską popyt na produkty farmaceutyczne halal, leki generyczne, produkty zdrowotne i zdrowotne wynosi około 555 miliardów dolarów. Głównym problemem muzułmanów jest stosowanie w tych produktach substancji niezgodnych z przepisami, takich jak produkty pochodzenia zwierzęcego i żelatyny pochodzenia zwierzęcego. Globalny wzrost rynku farmaceutyków wzrósł o 4% w 2009 roku do wartości przekraczającej 820 miliardów dolarów, oferując ogromne potencjalne możliwości dla przemysłu farmaceutycznego halal. Rosnące koszty opieki zdrowotnej zapewniają również rynkowi halal kluczowy czynnik różnicujący podaż leków generycznych.

składniki farmaceutyczne i metodyka analizy integralności produktu. Dążąc do wzmocnienia integralności w zakresie produkcji i serwisowania leków i suplementów zdrowotnych, Malezja wprowadziła nowy standard dla farmaceutyków halal. „Malezyjska norma MS2424: 2010 (P): Ogólne wytyczne Halal Pharmaceuticals" dotyczy całego łańcucha dostaw przemysłu farmaceutycznego, od przetwarzania po obsługę, pakowanie, etykietowanie, dystrybucję, przechowywanie i eksponowanie leków i suplementów zdrowotnych.

3. Kosmetyki

Wzrostowi rynku kosmetyków halal odzwierciedla się wzrost wiedzy konsumentów na temat stosowanych składników i świadomości produktów, napędzany przez sieci społecznościowe.13 Światowy przemysł kosmetyków halal szacowany jest na 13 miliardów dolarów z rocznym tempem wzrostu na poziomie 12%.14 Obecnie rynek kosmetyków halal stanowi 11% całego światowego przemysłu halal. Wschodzący rynek kosmetyków halal i środków higieny osobistej jest postrzegany przez analityków jako następny w kolejce do wzrostu po lukratywnym sektorze żywności halal. Głównym motorem tego ogromnego popytu na kosmetyki halal i produkty upiększające jest demograficzna populacja młodych, świadomych religijnie i dynamicznych zawodowych muzułmanów. W zakresie kosmetyków halal koncepcja obejmuje krytyczne aspekty produkcji, takie jak składniki halal i stosowanie dopuszczalnych substancji, które muszą być wytwarzane, przechowywane, pakowane i dostarczane zgodnie z wymogami Shari. Co ciekawe, kosmetyki halal zyskały również rozmach wśród współczesnych konsumentów, którzy są świadomi etyki i są gotowi płacić premię za organiczne, naturalne i ziemiste produkty kosmetyczne dopasowane do ich nowoczesnego stylu życia.

Rynek kosmetyków halal kwitnie na Bliskim Wschodzie iw Azji. Na całym Bliskim Wschodzie kosmetyki halal odnotowują 12% roczny wzrost, osiągając 12 miliardów dolarów całkowitej wartości sprzedaży związanej z kosmetykami. Rynki w Azji, szczególnie w Malezji i Indonezji, a także w Europie, odnotowały wzrost zainteresowania kosmetykami halal. W Malezji kosmetyki halal stanowią 10% – 20% lokalnego rynku kosmetycznego. Jednak światowy przemysł kosmetyczny jest zdominowany i do pewnego stopnia zmonopolizowany przez firmy niemuzułmańskie. Stanowi to poważne wyzwanie dla kwestii składników halal w produktach kosmetycznych wytwarzanych przez firmy.

Chociaż muzułmanie generalnie mogą spożywać produkty haram (zakazane) w sytuacjach zagrażających życiu, rośnie zapotrzebowanie na leki zgodne z muzułmańskimi zasadami. Rosnące globalne zapotrzebowanie na farmaceutyki halal idzie w parze z rosnącym zainteresowaniem i obawami muzułmanów dotyczącymi statusu halal farmaceutyków. Wielu z nich rzuca wyzwanie branży w kwestii pochodzenia składników tych produktów i tego, czy są one zgodne z islamskim stylem życia. Produkty farmaceutyczne halal powinny być nie tylko wolne od składników haram, ale powinny być również określane jako tayyib , które jest terminem nadawanym towarom i produktom spełniającym normy jakości. Ogólnie tayyib odnosi się do produktów, które są czyste, czyste i produkowane w oparciu o standardowe procesy i procedury. Tak więc produkt farmaceutyczny powinien być nie tylko halal, ale powinien być również oceniany jako czysty zgodnie z prawem szariatu .

Jednak rynek farmaceutyczny halal jest nękany brakiem globalnych standardów halal na Wiele produktów kosmetycznych zawiera alkohol, który jest uważany za haram, a składniki pochodzenia zwierzęcego uważane są za nieczyste przez islam. Rosnące obawy dotyczące składników pochodzenia zwierzęcego, takich jak żelatyna i kolagen w produktach kosmetycznych, podsycają popyt zarówno ze strony konsumentów muzułmańskich, jak i niemuzułmańskich. Etykieta halal na kosmetykach i produktach kosmetycznych przemawia do konsumentów poszukujących integralności i autentyczności swoich produktów kosmetycznych i higieny osobistej . Chociaż koncepcja kosmetyków halal jest bardzo nowa w świecie muzułmańskim, rośnie zapotrzebowanie zwłaszcza ze strony świadomych konsumentów, którzy coraz bardziej selektywnie wybierają produkty do pielęgnacji ciała i świadomie decydują się wydawać pieniądze na kosmetyki i produkty kosmetyczne, które pasują do z ich wymaganiami religijnymi i kulturowymi.

Kosmetyki halal rozwinęły się daleko poza nowość. Wykorzystując rozwijający się rynek kosmetyków halal, wiele firm kosmetycznych zaczyna rozwijać ten niszowy rynek, produkując linie produktów z certyfikatem halal, które nie zawierają składników pochodzenia zwierzęcego i nie są testowane na zwierzętach, aby sprostać rosnącemu zapotrzebowaniu konsumentów, którzy po prostu chcą większej pewności że używane przez nich kosmetyki są zdrowe i pozyskiwane w sposób zrównoważony. Wyzwaniem dla dalszego rozwoju tego niszowego sektora halal jest jak najlepiej zintegrować kosmetyki halal z globalnym przemysłem kosmetycznym. Aktywna współpraca z kluczowymi równoległymi grupami interesu, takimi jak prawa organiczne, wegańskie, etyczne i środowiskowe, może być kluczem do dalszego wzmocnienia wartości produktów kosmetycznych halal na rynku globalnym.

4. Turystyka i podróże

Turystyka halal zyskała ostatnio popularność i szybko staje się nowym zjawiskiem w ogólnej branży turystycznej. Odnosi się do produktów turystycznych, które świadczą usługi hotelarskie zgodnie z wierzeniami i praktykami islamu. Obejmuje to serwowanie potraw halal, posiadanie oddzielnych basenów, spa i zajęć rekreacyjnych dla mężczyzn i kobiet, jadalni bezalkoholowych, obiektów modlitewnych, a nawet plaż tylko dla kobiet z islamską etykietą pływania. Tradycyjnie turystyka halal była powszechnie kojarzona z pielgrzymkami hadżdż i umrah. Rosnąca zamożność muzułmańskich konsumentów z klasy średniej oraz wzrost stopnia wzajemnych połączeń, który sprawił, że podróżowanie stało się nieodłączną częścią codziennego życia, stopniowo zmienia preferencje turystyczne muzułmanów z tradycyjnych miejsc docelowych, takich jak Mekka, na najlepsze miejsca wakacyjne i kurorty. Oczekuje się , że wydatki muzułmańskich turystów wzrosną do ponad 13% wszystkich globalnych wydatków na turystykę do 2020 roku, turystyka halal ma potencjał, aby wejść do głównego nurtu i rozwijać się jako integralna część rozwijającego się globalnego rynku halal. (Dar, Azmi et al. 2013)

Rynek turystyki halal stanowi 12,3% lub 126,1 miliarda dolarów całego globalnego rynku turystyki wyjazdowej i rośnie w tempie 4,8% w porównaniu ze średnią światową wynoszącą 3,8%. Tylko w 2011 r. muzułmańscy podróżnicy wydali około 126 miliardów dolarów15. Oczekuje się, że do 2020 r. ta liczba osiągnie 419 miliardów dolarów.

Turystyka halal rozkwitła w ostatnich latach, aby zaspokoić potrzeby muzułmańskich podróżników, którzy chcą cieszyć się pełnymi usługami wakacyjnymi, które jednocześnie uwzględniają ich wymagania religijne, a także zwyczaje i kulturę islamu. Wiele krajów dostosowało już swoją ofertę turystyczną do obiektów i zakwaterowania zgodnie z wierzeniami religijnymi turystów muzułmańskich. Ulubionymi celami podróży były głównie kraje islamskie, takie jak Malezja, Turcja i Egipt. W ostatnich latach kraje niemuzułmańskie, w tym Australia, Singapur i Francja, wykazały duże zainteresowanie turystyką halal. Te miejsca docelowe są ulubione przez muzułmańskich podróżników, ponieważ mają organy certyfikujące halal, co ułatwia turystom znalezienie punktów gastronomicznych z certyfikatem halal podczas wakacji. Na przykład Malezja przoduje w branży turystyki halal i odnosi sukcesy w przyciąganiu muzułmańskich turystów z całego świata, zwłaszcza podróżnych z Bliskiego Wschodu. Ostatnio Malezja zajęła pierwsze miejsce wśród 10 najlepszych miejsc wakacyjnych przyjaznych halal na świecie. Ranking opierał się na kilku czynnikach, w tym dostępności żywności halal, zaplecza modlitewnego i zakwaterowania przyjaznego halal.

Z drugiej strony, muzułmańscy podróżnicy stali się atrakcyjnym segmentem klientów, odpowiadając za około 11% globalnych wydatków na podróże i turystykę w 2014 r., wydając w sumie 142 miliardy dolarów. Dla porównania jest to wzrost o 6,3% w porównaniu z wydatkami na podróże muzułmanów w 2013 r., które wyniosły 134 miliardy dolarów (zaktualizowane w oparciu o skorygowaną metodologię). Oczekuje się, że do 2020 r. wydatki muzułmanów na turystykę wyjazdową wzrosną do 233 miliardów dolarów. Łącznie wydatki muzułmanów na podróże są trzecim co do wielkości w porównaniu do krajów z największymi źródłami podróży — zaraz po Chinach (160 miliardów dolarów) i Stanach Zjednoczonych (143 miliardy dolarów). Krajami źródłowymi muzułmańskich turystów na podstawie wydatków z 2014 r. były: Arabia Saudyjska (17,8 mld USD), Zjednoczone Emiraty Arabskie (12,6 mld USD), Kuwejt (9,7 mld USD), Katar (9,5 mld USD), Indonezja (7,6 mld USD) i Iran (7,5 mld USD). Regionalnie wydatki na Turystykę Muzułmańską były najwyższe w następujących regionach: MENA-GCC (52 mld USD), MENA-Inne (21 mld USD) i Azja Wschodnia (19 mld USD), a następnie Europa Zachodnia (16 mld USD) i Azja Środkowa (10 mld USD). . MENA-GCC stanowią 37% całkowitych wydatków muzułmanów na podróże, mimo że stanowią tylko 3% światowej populacji muzułmańskiej.

Światowy rynek kurortów plażowych jest rynkiem o wysokim wzroście szacowanym na 250 miliardów dolarów w 2014 r., co stanowi 30 procent całego rynku hoteli i ośrodków wypoczynkowych, i oczekuje się, że udział ten wzrośnie w przyszłości:

- Krajobraz nadmorskich kurortów poszerzył się, od adresowania przede wszystkim podróżnych zwracających uwagę na ceny po adresowanie różnorodnych grup klientów i oferowanie szerokiej gamy poziomów cenowych, od budżetu po luksus.

- Biorąc pod uwagę, że muzułmańscy podróżnicy wydali w 2014 r. około 28 miliardów dolarów na kurorty plażowe, a także ze znacznym zakresem dalszej specjalizacji w branży, rośnie liczba kurortów plażowych skierowanych głównie do podróżnych muzułmańskich i w pełni zaspokajających potrzeby muzułmanów w zakresie stylu życia.

Rozdział 6
Blockchainy dla islamskich finansów

Islamskie finanse i ich cyfrowa gospodarka oferują możliwości dla muzułmanów i niemuzułmanów, ponieważ obie populacje szukają obecnie spójnego rozwiązania ich palących problemów – odbudowy zaufania do systemu finansowego, który je utracił. Niektórzy technolodzy wyobrażają sobie ten świat bez pośredników, podczas gdy inni chcą tylko szybszego i wydajniejszego sposobu zawierania transakcji. Tak czy inaczej, wyzwaniem jest odpowiedzialność i osadzenie tego poczucia odpowiedzialności w nowych systemach, które są budowane, oparte na podziale ryzyka i zysków, które zakotwiczają naturę naszych gospodarek, w tym ekonomię dzielenia się niewykorzystanymi aktywami.

Technologia blockchain szybko zyskuje uwagę Organizacji Współpracy Islamskiej. Istnieją różne islamskie instytuty finansowe, które planują wykorzystać system blockchain, aby przynieść korzyści z nim związane. Władze w Dubaju ujawniły swój plan, że w 2020 roku będą wykorzystywać blockchain w sektorach publicznym i prywatnym. Nie jest niespodzianką, że nawet rząd wykazuje zainteresowanie cyfrową walutą. Tutaj mamy informacje związane z relacją blockchain w islamskim systemie finansów i bankowości.

W jakim stanie jest obecnie blockchain? W ankiecie PwC przeprowadzonej w 2018 r. wśród 600 dyrektorów z 15 terytoriów, 84% twierdzi, że ich organizacje są przynajmniej w pewnym stopniu zaangażowane w technologię blockchain. Firmy bawiły się w laboratorium; być może zbudowali dowody koncepcji. Wszyscy mówią o blockchain i nikt nie chce zostać w tyle. Łatwo zrozumieć, dlaczego. Jako rozproszona, odporna na manipulacje księga, dobrze zaprojektowany blockchain nie tylko eliminuje pośredników, zmniejsza koszty oraz zwiększa szybkość i zasięg. Zapewnia również większą przejrzystość i identyfikowalność wielu procesów biznesowych. Gartner prognozuje, że do 2030 r. blockchain wygeneruje roczną wartość biznesową przekraczającą 3 biliony USD. Można sobie wyobrazić, że do tego samego roku 10% do 20% globalnej infrastruktury gospodarczej będzie działać na systemach opartych na blockchain.

W gospodarce islamskiej technologia blockchain może wywrzeć znaczący wpływ. Blockchain w islamskich finansach i bankowości z pewnością pomoże islamskim bankom i instytucjom finansowym odnieść sukces. Bez obaw o odsetki i inne tego typu problemy islamski system bankowy będzie mógł działać wydajniej.

Islamskie instytucje finansowe coraz częściej wykorzystują technologię blockchain do złożonych warunków finansowania, transakcji zgodnych z szariatem oraz islamskich i zgodnych z szariatem alternatyw dla konwencjonalnych ubezpieczeń. automatyzacja back-office i underwriting mikroubezpieczeń. Islamskie Finanse mogą wykorzystywać kryptowaluty do finansowania MŚP, oparte na technologii blockchain, do strukturyzowania płatności w wydajny i opłacalny sposób.

Podstawowe atrybuty Blockchain oznaczają, że ma on znaczny potencjał do wykorzystania w Islamskich Finansach ze względu na:

- Przejrzystość: blockchain zapewnia pochodzenie, identyfikowalność i przejrzystość transakcji

- Kontrola: dostęp do autoryzowanych sieci jest ograniczony do zidentyfikowanych użytkowników

- Bezpieczeństwo: księgi cyfrowej nie można zmieniać ani manipulować po wprowadzeniu danych. Oszustwo jest mniej prawdopodobne i łatwiejsze do zauważenia

- Informacje w czasie rzeczywistym: gdy informacje są aktualizowane, są one aktualizowane jednocześnie dla wszystkich w sieci

Blockchain w islamskich finansach i bankowości z pewnością pomoże islamskim bankom i instytucjom finansowym odnieść sukces. Bez obaw o odsetki i inne tego typu problemy islamski system bankowy będzie mógł działać wydajniej. Zarządzanie pożyczkami i innymi powiązanymi usługami stanie się łatwe. oprócz ograniczenia oszustw i ryzyka, może obniżyć wysokie koszty związane z Islamskimi Finansami. Koszt przetwarzania islamskich produktów finansowych jest wyższy niż zwykłych produktów usług finansowych, więc blockchain jest bardzo skutecznym narzędziem do obniżenia kosztów w systemach przetwarzania zaplecza islamskich firm finansowych. Prawdziwym wyzwaniem w przyszłości będzie legalność inteligentne kontrakty oraz globalne ramy regulacyjne potrzebne do ustanowienia prawdziwych pożyczek typu peer-to-peer ponad granicami; tylko dlatego, że jest legalne w jednym kraju, nie czyni tego w następnym.

Biorąc pod uwagę ten stan, niniejszy artykuł ma na celu wprowadzenie do stosowania Blockchain w Islamskich Finansach i nakreślenie niektórych potencjalnych obszarów do rozważenia dla wszystkich sektorów Islamskich Finansów. Książka:

• Wyjaśnia, czym jest technologia Blockchain, a czym nie;

• Przedstawia argumenty, że Islamskie Finanse budują wiedzę i możliwości w zakresie technologii Blockchain;

• Zrozumieć jego wpływ na Islamskie Finanse i przewidzieć przyszłe zmiany; oraz

• Zbadaj i przedyskutuj istniejące wykorzystanie łańcuchów bloków przez Islamskie Finanse.

A. Zastosowania Blockchain w islamskich finansach

Islamskie Finanse, jako alternatywna i etyczna metoda finansowania, kieruje fundusze na rzeczywiste działania gospodarcze zorientowane na wpływ; w ten sposób wykorzystuje zasoby ekonomiczne i finansowe, aby zaspokoić materialne i społeczne potrzeby wszystkich członków społeczności. Głównymi fundamentami islamskich produktów finansowych są transakcje oparte na aktywach, wraz z opartym na akcjach charakterem podziału ryzyka i zysków. Każda z tych kategorii finansowania ma do odegrania fundamentalną rolę w zwiększaniu integracji finansowej i innowacyjnych przedsiębiorstw typu start-up, a także przyciąganiu potencjalnego kapitału od dostawców i źródeł kapitału islamskiego.

Islamskie finanse to jedyny przykład systemu finansowego opartego bezpośrednio na zasadach etycznych jednej z głównych religii, który zapewnia nie tylko wytyczne inwestycyjne, ale także zestaw unikalnych produktów inwestycyjnych i finansowych". Islamskie finanse opierają się na szariatu , prawie islamskim, które zawiera wytyczne dotyczące wielu aspektów życia muzułmanów, w tym religii, polityki, ekonomii, bankowości, biznesu i aspektów systemu prawnego . praktyki finansowe i towarzyszące im instrumenty prawne zgodne z prawem islamskim. Główne zasady finansowe szariatu obejmują zakaz oprocentowania, zakaz niepewności, przestrzeganie podziału ryzyka i podziału zysków, promowanie etycznych inwestycji, które wzmacniają społeczeństwo i nie naruszają praktyk zakazanych w *Koranie* oraz aktywów materialnych- podkład. (Elasrag , 9. kwietnia 2011)

Islamskie finanse opierają się na szariatu , arabskim pojęciu, które często tłumaczy się na „prawo islamskie". Szariat zawiera wytyczne dotyczące różnych aspektów życia muzułmanów, w tym religii, polityki, ekonomii, bankowości, biznesu i prawa. Finansowanie zgodne z szariatem to praktyki finansowe zgodne z prawem islamskim. (Ilias , 2010)

Szariat finanse zgodne z przepisami stały się akceptowanym i żywym elementem międzynarodowych transakcji finansowych. Oferuje nową okazję do podkreślenia moralnych i etycznych aspektów biznesu i finansów, które wykraczają poza świat arabski i islamski, aby skłonić do ponownego przeanalizowania podstawowych wartości leżących u podstaw wszystkich globalnych transakcji finansowych – udostępniając zasoby finansowe potrzebne do rozwoju kapitału ludzkiego, który podtrzyma postęp gospodarczy i społeczny. Główne zasady Islamskiego Finansów obejmują:

zakaz pobierania lub otrzymywania odsetek;

Kapitał musi mieć cel społeczny i etyczny wykraczający poza czysty, nieskrępowany zwrot;

Inwestycje w firmy zajmujące się alkoholem, hazardem, narkotykami lub czymkolwiek innym, co szariat uważa za niezgodne z prawem, są uważane za niepożądane i zabronione;

Zakaz transakcji z udziałem maysir (spekulacji lub hazardu); oraz Zakaz gharar , czyli niepewność co do przedmiotu i warunków umów – obejmuje zakaz sprzedaży czegoś, czego się nie posiada.

Zgodnie z prognozami Thomson Reuters, do 2020 r. aktywa Islamic Finance mają wzrosnąć do 3,2 biliona dolarów. Obrazuje to potencjał Islamskiego Finansowania we wspieraniu celów zrównoważonego rozwoju poprzez dostarczanie innowacyjnych rozwiązań finansowych. W porównaniu z wkładem indywidualnym, dawanie zakatu lub sadaqah za pośrednictwem instytucji formalnych, inwestowanie w obligacje islamskie może zwiększyć zasięg, docierając do potrzebujących i zapewniając bardziej strategiczne i zrównoważone rozwiązanie. Istnieje jednak kilka wyzwań, nieefektywność, brak przejrzystości w zakresie sposobu gromadzenia, zarządzania i dystrybucji funduszy oraz różne poglądy islamskich uczonych na temat tego, jak należy postępować z nimi w przypadku orzeczeń lub fatwy.

Jednak siła i potencjał blockchain i inteligentnych kontraktów są dostrzegane w całym spektrum biznesowym i politycznym. Chociaż może upłynąć trochę czasu, zanim organy regulacyjne nadrobią zaległości, szersze przyjęcie doprowadzi do sensownych regulacji.

Czy Islamskie Finanse i Blockchain są ze sobą w pełni kompatybilne?. Odpowiedź brzmi: określona możliwość z zastrzeżeniem - poprzez określenie odpowiedniego zachowania. Oczywiście pytanie NIE dotyczy tego, czy istniejące bitcoiny i kryptowaluty są dozwolone w ramach islamskiego szariatu . Ta kwestia jest pozostawiona uczonym islamskim, aby udzielili odpowiedniej odpowiedzi (i nie jest to sprawa najważniejsza, na której powinniśmy się skoncentrować). Najważniejsze cechy Blockchain to: a) Jest to system transakcji PEER-TO-PEER; b) Opiera się na systemie w pełni ROZPROSZONYM; oraz c) Jest to proces AUTONOMICZNY (AI). Islamskie finanse polegają na egzekwowaniu prawych zachowań, a blockchain polega na „zakodowaniu" tych zachowań w pełnym systemie sztucznej inteligencji, który następnie zapewniłby autonomiczne przestrzeganie tych zachowań, bez dalszej ingerencji innej strony. Staje się wówczas platformą „samoegzekwującą się", „samoregulującą", „samokorygującą" i „samowykonającą". Jeśli wszystkie powyższe stwierdzenia są prawdziwe, to odpowiedź „określona możliwość" byłaby prawdziwa.

Istnieje wiele ciekawych zastosowań blockchain w Islamskich Finansach, które mogą przynieść różne korzyści:

1. Inteligentne kontrakty

inteligentne lub zautomatyzowane umowy w blockchain to dobry sposób na zapewnienie, że każdy produkt lub usługa jest zgodna z prawem szariatu i umożliwia integrację dowolnych warunków umowy, zarówno z klientem, jak i stroną trzecią, w blockchain.

Aby uniknąć gwałtownie rosnących stóp procentowych, banki islamskie mogą skorzystać z inteligentnych kontraktów. Pomoże zmniejszyć niepewność i spekulacje. Istnieją różne rodzaje umów dostępnych w finansowaniu islamskim, które pomogą w zarządzaniu umowami o podziale zysków, umowami agencyjnymi i partnerstwami.

Umowy umowne są kluczowymi elementami umożliwiającymi handel i handel, które zawierają wspólnie uzgodnione warunki wykonania lub rozstrzygania sporów. Wersety Koranu (Sura Al-Baqarah: 282–283) nakazują muzułmanom zawieranie umów na piśmie w celu zapewnienia sprawiedliwości i odpowiedzialności. W związku z tym muzułmańscy handlowcy opierają się na islamskich ramach prawnych i instytucjonalnych do celów rachunkowości i odpowiedzialności, podczas gdy muzułmańscy uczeni określają normy prawne i działają jako mediatorzy w sporach handlowych. Posiadanie pisemnych dokumentów ma kluczowe znaczenie dla wydajności i przejrzystości handlu oraz monitorowania handlu i umów. Prawo islamskie jest centralną instytucjonalną ramą bycia muzułmaninem, a jego nieodłączne ramy prawne dyktują, między innymi, etyczne normy postępowania biznesowego, aby stanowiły podstawę zaufania, równości i sprawiedliwości. W miarę rozwoju świata używamy technologii do operacjonalizacji konkretnych intencji szariatu, tak aby islamscy aktorzy gospodarczy mogli być biegli w bardziej wydajnych (i mniej ryzykownych) sposobach prowadzenia biznesu. Poleganie na fizycznych dokumentach prowadzi do opóźnień, nieefektywności i zwiększa narażenie na błędy i oszustwa. Pośrednicy finansowi, zapewniając interoperacyjność systemu finansowego i zmniejszając ryzyko, generują niepotrzebne koszty ogólne i zwiększają wymagania dotyczące zgodności.

Inteligentne kontrakty, oparte na technologiach rozproszonej księgi (blockchain), które mają zdolność do zwiększania wydajności i produktywności przy jednoczesnym obniżeniu kosztów związanych z tradycyjnymi kontraktami. Wiele przedsiębiorstw finansowych bada wykorzystanie technologii inteligentnych kontraktów w różnych zastosowaniach w sektorach bankowości, usług finansowych i ubezpieczeń (w tym takaful) (EY, 2017). Obecnie opracowane prototypy są uproszczonymi wersjami inteligentnej umowy, ale należy wykonać więcej pracy w kluczowych obszarach, które będą dotyczyć zgodności z prawem i regulacjami, skalowalności i bezpieczeństwa oraz zdolności do kodowania złożonych umów, które obecnie dominują w sektorze finansowym. krajobraz usług.

Inteligentne kontrakty to złożony zestaw kodów oprogramowania ze składnikami zaprojektowanymi w celu automatyzacji wykonywania i rozliczania umów umownych. Innymi słowy, są to programowalne kontrakty, które samoczynnie wykonują postanowienia umowy po spełnieniu z góry określonych warunków. Gdy co najmniej dwie strony wyrażą zgodę na wszystkie warunki zawarte w umowie, podpisują kryptograficznie inteligentną umowę i wdrażają ją w rozproszonej księdze. Gdy warunek określony w kodzie jest spełniony, program automatycznie uruchamia odpowiednią akcję. Eliminując potrzebę bezpośredniego zaangażowania ludzi, inteligentna umowa wdrożona w rozproszonej księdze może sprawić, że relacje umowne będą bardziej wydajne i ekonomiczne, przy potencjalnie mniejszej liczbie błędów, nieporozumień, opóźnień lub sporów.

Jak działają inteligentne kontrakty

Warto zauważyć, że bitcoin jako pierwszy wspierał podstawowe inteligentne kontrakty w tym sensie, że sieć może przenosić wartość z jednej osoby na drugą. Sieć węzłów będzie walidować transakcje tylko wtedy, gdy zostaną spełnione określone warunki. Ale bitcoin jest ograniczony do przypadku użycia waluty. Natomiast ethereum zastępuje bardziej restrykcyjny język bitcoina (język skryptowy składający się z około stu skryptów) i zastępuje go językiem, który pozwala programistom pisać własne programy. Ethereum pozwala programistom na programowanie własnych inteligentnych kontraktów lub "autonomicznych agentów", jak nazywa ich biała księga ethereum . Język jest „ukończony przez Turinga", co oznacza, że obsługuje szerszy zestaw instrukcji obliczeniowych. Chodzi o to, że jeden podmiot nie będzie już miał kontroli nad twoimi notatkami i nikt nie może nagle zablokować samej aplikacji, tymczasowo wyłączając wszystkie twoje notatniki. Zmiany może wprowadzać tylko użytkownik, a nie żadna inna jednostka.

Teoretycznie łączy kontrolę, jaką ludzie mieli nad swoimi informacjami w przeszłości, z łatwo dostępnymi informacjami, do których jesteśmy przyzwyczajeni w erze cyfrowej. Za każdym razem, gdy zapisujesz zmiany lub dodajesz lub usuwasz notatki, każdy węzeł w sieci dokonuje zmiany.

Inteligentne kontrakty mogą:

Funkcjonują jako konta z wieloma podpisami, dzięki czemu środki są wydawane tylko wtedy, gdy wyrazi na to zgodę wymagany odsetek osób

Zarządzaj umowami między użytkownikami, powiedzmy, jeśli jeden kupuje ubezpieczenie od drugiego

Zapewnij użyteczność dla innych umów (podobnie jak działa biblioteka oprogramowania)

Przechowuj informacje o aplikacji, takie jak informacje o rejestracji domeny lub rekordy członkostwa.

Obecnie prototypowanych jest kilka modeli inteligentnych kontraktów, ale podstawowa technologia oparta na blockchain wykorzystuje infrastrukturę szyfrowania klucza publicznego (PKI) do kodowania warunków umowy. PKI to metoda kryptografii wykorzystująca dwa rodzaje kluczy. Pierwszy to klucz publiczny, o którym wiedzą wszystkie strony, a drugi to klucz prywatny znany tylko jego odbiorcy. W transakcji inteligentnego kontraktu zainicjowanej na łańcuchu bloków odbiorca wysyłający szyfruje swoją wiadomość w nieczytelny „tekst zaszyfrowany" za pomocą algorytmów lub formuł matematycznych, aby chronić i zabezpieczać dane. Tylko użycie klucza prywatnego może odszyfrować „tekst zaszyfrowany" z powrotem do czytelnego „zwykłego tekstu". Kluczowa korzyść, jaką PKI przynosi do transakcji smart kontraktów, dotyczy bezpieczeństwa, ponieważ jest niezwykle trudne, jeśli nie niemożliwe, odtworzenie klucza publicznego na prywatny, co czyni go bardzo odpornym na awarie lub włamania.

Niezwykle ważne jest, aby islamskie instytucje finansowe wyszły poza wyzwania związane z talentami i innowacjami inteligentnych kontraktów, nawiązując strategiczne partnerstwa z ekspertami w kosmosie. Aby skutecznie współpracować z ekosystemem inteligentnych kontraktów, ważne jest, aby islamskie banki, dostawcy usług finansowych i ubezpieczyciele zrozumieli krajobraz inteligentnych kontraktów. Mogą również skoncentrować się na konceptualizacji całkowicie nowych produktów i usług opartych na inteligentnych kontraktach. Najlepsze wyniki prawdopodobnie przyniosą wspólne inicjatywy między akceleratorami, laboratoriami innowacji, inkubatorami lub bezpośrednio z samymi startupami opartymi na inteligentnych kontraktach opartych na blockchain w takich wysiłkach innowacyjnych.

2. Magazyn w chmurze

Największą atrakcją blockchain w bankowości islamskiej jest to, że banki uzyskają dostęp do pamięci w chmurze. Zmniejszy to wszelkiego rodzaju konflikty i pomoże klientom w utrzymaniu relacji partnerskich. Kryptograficzne algorytmy matematyczne zapewnią dostęp do wszystkich informacji. Będzie przechowywać wszystkie ważne dane, do których mają dostęp banki i klienci, aby uniknąć jakichkolwiek problemów.

Model przechowywania danych w chmurze określa, w jaki sposób dane cyfrowe są przechowywane i pobierane na wielu serwerach w możliwie różnych geograficznie lokalizacjach i zarządzane przez dostawcę usług hostingowych. Przechowywanie w chmurze wykorzystuje logiczny model pamięci, który umożliwia dostawcom przechowywanie danych na wielu serwerach w różnych lokalizacjach w sposób przejrzysty dla Ciebie.

Przechowywanie w chmurze obejmuje co najmniej miejsce na pewną ilość danych i prosty interfejs do zarządzania plikami w pamięci. Często wiąże się to z utworzeniem specjalnego folderu na komputerze i monitorowaniem w nim aktywności plików. Dropbox należy do tej kategorii przechowywania w chmurze. Bardziej rozbudowana pamięć masowa w chmurze obejmuje wyrafinowany SaaS, który bezproblemowo integruje się z pamięcią masową w chmurze zaplecza. Dokumenty Google oferują tego rodzaju usługę dla Dysku Google.

Choć początkowo przechowywanie w chmurze może wydawać się idealne, istnieje kilka poważnych problemów, które firma musi wziąć pod uwagę:

- Ponieważ baza danych nie znajduje się na terenie firmy, bezpieczeństwo staje się ogromnym wyzwaniem. Firma będąca właścicielem danych nie ma już pełnej kontroli nad środkami bezpieczeństwa. Musi polegać na dostawcy usług w chmurze, aby zabezpieczyć bazę danych przed nieautoryzowanym dostępem; musi również bezwarunkowo ufać pracownikom usługodawcy.

- Dostęp do bazy danych wymaga aktywnego połączenia internetowego. W przeciwieństwie do architektur, w których baza danych znajduje się w wewnętrznej sieci firmy , żadne przetwarzanie nie może być kontynuowane, gdy Internet jest niedostępny.

- Firma będąca właścicielem danych musi polegać na dostawcy pamięci masowej w chmurze, aby zapewnić stały czas pracy bez przestojów. Firma nie ponosi już odpowiedzialności za zapewnienie dostępności bazy danych; leży po stronie trzeciej.

Ogólnie rzecz biorąc, właściciel danych traci dużą kontrolę nad danymi, gdy dane są przechowywane w chmurze. Im ważniejsze staje się bezpieczeństwo danych, tym bardziej ryzykowne staje się przechowywanie w chmurze.

3. Waluty cyfrowe

Dostępne są różne rodzaje walut cyfrowych, ale rozwój waluty cyfrowej nie jest tak prosty, jak się wydaje. Zarządzanie usługami wymaga pełnego procesu. Dlatego takie waluty oferują korzyści, takie jak lepsze bezpieczeństwo i różne nagrody dla górników.

4. Kolekcja zakat

Innym islamskim produktem finansowym, który może doprowadzić do zakłócenia łańcucha bloków, jest charytatywny zakat. Blockchain pomaga ludziom wiedzieć, dokąd idą pieniądze i na jaki cel. Zbieranie zakatu zostało zinstytucjonalizowane w wielu krajach muzułmańskich. Promocja, zbieranie i dystrybucja zakatu są podejmowane przez odpowiednie władze religijne zgodnie z wymogami szariatu. Jednak według artykułów naukowych istnieje kilka wyzwań. Obejmują one nieefektywność, brak przejrzystości w zakresie sposobu gromadzenia, zarządzania i dystrybucji funduszy, różne poglądy islamskich uczonych na temat tego, jak należy sobie z nimi radzić oraz rozległą biurokrację.

Zakat to przeniesienie własności określonej kwoty pieniędzy (lub mienia) od kogoś, kto spełnia określone kryteria, aby zakat był na nim zobowiązany, na kogoś, kto na to zasługuje, spełniając określone kryteria. Jest to forma obowiązkowej miłości; i jeden z pięciu filarów islamu. Ze względu na swoje znaczenie, Koran wspomina o nim trzydzieści dwa razy. Beneficjenci zakatu to osiem kategorii, w tym biedni i potrzebujący. Kryteria dla osób, które mają być beneficjentami zakatu, są dobrze określone w szariatu.

Zakat to roczny obowiązek charytatywny dla muzułmanów; obowiązek ten jest obliczany na podstawie kwoty odcięcia podstawowego wskaźnika życia zwanej nisab , która reprezentuje podstawowy wskaźnik poziomu życia. Ci, których majątek netto spada poniżej tego limitu, są zwolnieni z płacenia zakatu. Zazwyczaj nisab odpowiada trzem uncjom złota. Osoby posiadające majątek netto większy niż nisab przez cały rok kwalifikują się jako mające obowiązek płacenia zakatu.

Kwota Zakat jest obliczana jako 2,5% aktywów płynnych utrzymywanych przez co najmniej pełny rok: złoto, srebro, gotówka, oszczędności, inwestycje, dochód z najmu, towary biznesowe lub zyski, akcje, papiery wartościowe i obligacje, wszystkie kwalifikują się jako część obliczenie. Ponieważ kryptowaluta, taka jak Bitcoin, kwalifikuje się jako aktywa płynne, muzułmanie muszą zadbać o uwzględnienie swoich aktywów w kryptowalutach w obliczeniach ich zobowiązania zakat, a także śledzić, ile kryptowalut posiadali przez cały rok, ponieważ aktywa trzymane przez w obliczeniach nie trzeba uwzględniać mniej niż jednego roku.

Blockchain sprawił, że proces można śledzić, kontrolować i nie zmieniać, co jest niezbędnymi cechami każdej udanej podwyżki charytatywnej. Usługa została zainspirowana przez pobożnych muzułmanów, którzy chcieli używać swojej kryptowaluty do płatności religijnych, ale nie mieli odpowiednich rynków zbytu.

5. Poprawa użyteczności waqf

Wykorzystanie blockchain do poprawy użyteczności waqf , które jest arabskim do przekazywania darowizny na cele charytatywne. W dziwny sposób koncepcja waqf przypomina koncepcję blockchain, ponieważ prezenty są niezmienne i nie należą do żadnej konkretnej jednostki. W rzeczywistości mają być podobne do zachodniej koncepcji „zaufania", ale w imię Boga.

Waqf jest formą dobroczynności, która jest dobrowolna, stała i nieodwołalnie oddana Allahowi (SWT). Waqf może być w naturze, środkach trwałych lub gotówce. Dawca waqf (waqif) może określić cel waqf, który może różnić się od ogólnego, takiego jak pomoc biednym i potrzebującym, do bardzo konkretnego, takiego jak pomoc sierotom z rakiem. Waqif ma również prawo do określenia warunków waqf. Warto również wspomnieć, że aktywa lub własność waqf nie mogą być sprzedawane ani dystrybuowane na cele charytatywne, a raczej korzyści lub przychody generowane z inwestowania w waqf majątku. Własność Waqf jest uważana za bezpośrednią własność Allaha, nie może być podarowana, handlowana ani dziedziczona. (Abojeib & Habib, 2019)

W odległej przeszłości ta zasada szariatu była używana w całym świecie muzułmańskim, aby ulepszać społeczeństwa i zmniejszać ubóstwo. Jednak wiele współczesnych Awqaf jest źle zarządzanych, a zatem ma niewielki wpływ na ubóstwo. Kluczem do zwiększenia zaufania do Awqaf jest dobre zarządzanie i przejrzystość z interesariuszami.

Finterra to nowa firma, która ogłosiła opracowanie platformy crowdfundingowej, która wykorzystuje blockchain do tworzenia inteligentnych kontraktów powiązanych z konkretnymi projektami waqf. Mamy nadzieję, że może to zapewnić bardziej efektywny sposób pozyskiwania pieniędzy, zarządzania i przenoszenia własności waqf.

Łańcuch Waqf umożliwia uczestnikom tworzenie propozycji projektów w celu rozwoju i ożywienia właściwości wyposażenia. Inni mogą być zaangażowani w te propozycje projektów, wnosząc fundusze. Jeśli cele projektu zostaną osiągnięte, propozycja projektu zostanie zaakceptowana, a pewna liczba żetonów żelaznych zostanie utworzona i rozdana wśród uczestniczących darczyńców. Tokeny mogą być przechowywane w celu uzyskania praw interesariuszy i podziału przychodów lub przekazywane i wymieniane w szerszym ekosystemie

Finterra (i w innych sieciach) za pośrednictwem protokołu międzyłańcuchowego Finterra . (Abojeib i Habib, 2019)

6. Skuteczne i wydajne łańcuchy dostaw halal

Na całym świecie jest prawie 2 miliardy muzułmanów spośród 7,6 miliarda ludzi na świecie. Ze względów religijnych ten ogromny rynek muzułmanów świadomie poszukuje zaufanych, certyfikowanych halal źródeł żywności, kosmetyków, środków do pielęgnacji domu, farmaceutyków, produktów codziennego użytku i produktów zgodnych z szariatem, w które należy inwestować. Według statystyk, globalna wartość rynkowa Halal, która jest rejestrowana około 1,4 bln USD w 2017 r. ma osiągnąć 2,6 bln USD w 2023 r.

Blockchain – charakteryzujący się wysoką przejrzystością i identyfikowalnością będzie dobrym rozwiązaniem w dostarczaniu wiarygodnych danych i zwiększaniu zaufania do łańcuchów dostaw halal; zwiększyć bezproblemowy i wydajny proces halal od źródła do punktu zakupu konsumenta; poprawić trwałość łańcuchów dostaw halal; oraz zwiększyć zaufanie konsumentów do marek halal; i światowe uznanie produktów halal. Łańcuchy bloków halal zapewniają wyraźne korzyści producentom, właścicielom marek, sprzedawcom detalicznym, dostawcom usług logistycznych, dystrybutorom i jednostkom certyfikującym halal dla większego zaufania i autentyczności.

W przemyśle spożywczym zaufanie jest kluczem do jego działalności. Od rolników i producentów po kuchnie i konsumentów końcowych, każdy krok w przemyśle spożywczym można ulepszyć dzięki technologii blockchain. Rozproszona księga pozwala użytkownikom śledzić pochodzenie żywności, identyfikowalność i kontrolę jakości żywności w całym łańcuchu dostaw. Jako system, który może integrować dane od wszystkich interesariuszy w księdze, technologia blockchain może przynieść znaczne korzyści przemysłowi spożywczemu. Jednak niektóre łańcuchy dostaw wymagają jeszcze większej przejrzystości i identyfikowalności, a jednym z obszarów, które mogą wykorzystywać technologię blockchain, jest globalny rynek halal. Halal — co odnosi się do sposobu, w jaki żywność powinna być produkowana i przygotowywana zgodnie z prawem islamskim — jest standardem żywnościowym, którego przestrzegają muzułmanie na całym świecie. Co więcej, żywność halal jest uważana za zdrowszą i bardziej zrównoważoną dla przemysłu spożywczego. W ostatnich latach, wraz ze wzrostem popularności żywności halal, wielu producentów, którzy nie spełniają standardów i wymagań halal, próbuje zakwalifikować swoje produkty spożywcze jako halal.

Technologią, która może wkroczyć, aby złagodzić ten problem, jest blockchain, który może zaoferować przejrzysty sposób śledzenia pochodzenia żywności, jej producentów i odpowiednich danych, które mogą świadczyć o autentyczności żywności halal w łańcuchu dostaw. Wykorzystując tę technologię do zagwarantowania standardów halal, blockchain otworzy nowe możliwości dla nowych graczy na rynku, aby oferować swoje produkty halal konsumentom na całym świecie. Przemysł spożywczy czeka ogromne zmiany po wdrożeniu cyfrowej transformacji na blockchain. Ta nowa technologia zmieni rynek żywności halal na wiele sposobów, od zapewnienia, że wszystkie informacje o żywności halal, od jej pochodzenia, gwarancji jakości, po podróż w łańcuchu dostaw, będą mogły być zgromadzone w rozproszonej księdze, która jest przejrzysta dla wszystkich interesariuszy. Niezależnie od tego, czy jest to nazwa rzeźnika, firmy logistycznej, supermarketu czy restauracji, wszystkie dane dotyczące żywności halal można gromadzić w łańcuchu bloków, umożliwiając przepływ komunikacji i ogólnie większe zaufanie do jakości żywności halal, która dociera do konsumentów. W przypadku konsumentów końcowych technologia blockchain pozwoli im sprawdzić informacje o żywności halal za pomocą aplikacji lub strony internetowej, do której można uzyskać dostęp z dowolnego smartfona.

Oczekuje się, że po wdrożeniu technologie oparte na blockchain będą w stanie wygenerować znacznie więcej rozwiązań dla wartego 1,4 biliona dolarów globalnego przemysłu spożywczego halal. Żywność halal jest wyjątkowa w porównaniu z innymi rodzajami żywności, ponieważ jej prawa religijne stanowią, że żywność halal musi być przygotowywana i przetwarzana w określony sposób i nigdy nie może zawierać wieprzowiny. Chociaż w systemie żywności halal zastosowano uznane na całym świecie etykiety, takie jak HACCP (Analiza Zagrożeń i Krytyczne Punkty Kontroli), GMP (Dobra Praktyka Produkcyjna) i GHP (Dobra Praktyka Higieniczna), aby zapewnić odpowiednie postępowanie z żywnością, technologia blockchain potrafi zintegrować wszystkie istotne informacje i zebrać je w rozproszonej księdze, którą można udostępnić wszystkim interesariuszom. Istnieje wiele wymagań dotyczących żywności halal, które można rozwiązać za pomocą technologii blockchain. W gospodarstwie zwierzę otrzyma numer identyfikacyjny, który będzie mógł być przechowywany w księdze rachunkowej w celu monitorowania przyjmowania pokarmu i warunków bytowych. Następnie u rzeźnika wszystkie dokumenty dotyczące zdrowia zwierzęcia i różne znaczniki czasu mogą zostać dodane do łańcucha blokowego w celu określenia części mięsa ze zwierzęcia, sposobu, w jaki mięso zostało przetworzone, i sprawdzenia, czy mięso jest halal, zgodnie z prawami religijnymi. W systemie, aby upewnić się, że mięso halal spełnia standardy, mięso może być również testowane za pomocą czujnika DNA po przetworzeniu, a następnie monitorowane za pomocą inteligentnych opakowań, które mogą śledzić logistykę produktu od fabryki do supermarketu lub restauracji.

Czujniki, a także inteligentne opakowania w łańcuchu dostaw, można również opracować tak, aby natychmiast wysyłały informacje do łańcucha bloków w celu śledzenia produktu halal. Co więcej, dane środowiskowe od lokalizacji do niestandardowych kontroli mogą być również przechowywane w systemie blockchain.

Universiti Malaysia Pahang w Kuantan (Malezja) odbyła się duża grupa dyskusyjna na temat halal blockchain z kapitanami przemysłu, zorganizowana przez Wydział Zarządzania Przemysłowego. Ta duża grupa dyskusyjna wykazała, że łańcuchy dostaw halal mają nieodłączne problemy lub wady, a mianowicie (1) identyfikowalność (możliwość weryfikacji lokalizacji produktu) i organizowanie wycofywania produktów; (2) zgodność transportu i magazynowania (przechowywania) w dół łańcucha dostaw zgodnie z wymogami halal; (3) integralność łańcucha od końca do końca (łańcuch nieprzerwany): od źródła do punktu zakupu konsumenta; (4) różne systemy halal i interpretacje różnych rynków; oraz (5) brak integracji systemów informatycznych. Problemy te wymagają radykalnie innego podejścia do organizacji łańcuchów dostaw halal. Blockchainy halal mają potencjał, aby rozwiązać wszystkie powyższe problemy branży halal! (Tieman i Darun , 2017)

Blockchain jest już nazywany czwartą rewolucją przemysłową. Jest to cyfrowa księga publiczna zawierająca ciągi bloków danych z informacjami podobnymi do naszego DNA. Nie jest przechowywany gdzieś centralnie, ale dystrybuowany na wielu serwerach na całym świecie. Łańcuchy bloków są szyfrowane i automatycznie synchronizowane w rozproszonych łańcuchach bloków, dzięki czemu są zaufaną księgą publiczną, którą każdy może sprawdzić, ale nie kontroluje jej pojedynczy użytkownik. Halal blockchain to cyfrowa księga wszystkich transakcji łańcucha dostaw halal , które kiedykolwiek zostały wykonane. Stale się rozrasta, gdyż dodawane są do niej „skończone" bloki z nowym zestawem nagrań. Bloki są dodawane do łańcucha bloków w kolejności liniowej, chronologicznej. Każdy węzeł w sieci łańcucha dostaw halal otrzymuje kopię łańcucha bloków, która jest pobierana automatycznie po dołączeniu do sieci łańcucha dostaw halal. Łańcuch bloków halal zawiera pełne informacje o adresach i ich ścieżce łańcucha dostaw od źródła do punktu zakupu konsumenta. Ponieważ baza danych łańcucha bloków halal jest współdzielona przez wszystkie węzły uczestniczące w sieci łańcucha dostaw halal, informacje można łatwo zweryfikować, po prostu skanując kod QR (dwuwymiarowy kod kreskowy) na produkcie. Blockchainy wstępnie programują wymagania halal dla rynku docelowego, warunki magazynowania, transportu i obsługi terminalu halal, kodowanie halal w dokumentach przewozowych i wiele innych. W blockchain możesz łatwo zidentyfikować strony, które popełniły oszustwo, ponieważ pozostaje to widoczne. Zniechęca to branżę do popełniania oszustw w łańcuchach dostaw halal. Łańcuchy bloków halal zapewniają wyraźne korzyści producentom, właścicielom marek, sprzedawcom detalicznym, dostawcom usług logistycznych, dystrybutorom i jednostkom certyfikującym halal. Aby uzyskać większe zaufanie i autentyczność krajowych marek halal, jednostki certyfikujące halal powinny przyjąć tę nową technologię, aby wspierać przemysł halal w przypadku problemu halal lub, co gorsza, kryzysu halal. Powinny wspierać certyfikację halal dostawców usług logistycznych, dystrybutorów i sprzedawców detalicznych, aby ułatwić wyższą zgodność w transporcie i magazynowaniu na dalszych etapach łańcucha dostaw. Harmonizacja i standaryzacja standardów łańcucha dostaw halal w różnych jurysdykcjach jest niezbędna w nadchodzących latach, aby lepiej wspierać przemysł halal i ich globalne łańcuchy dostaw. (Sadouskaya , 2017; Tieman & Darun , 2017)

Jednocześnie umożliwia ocenę dostawców usług logistycznych halal na podstawie wyników ich usług. Solidne, skuteczne i wydajne łańcuchy dostaw halal są możliwe tylko przy bardziej intensywnej współpracy między firmami w łańcuchu dostaw. Technologia Blockchain umożliwia sieciom halal lepsze wykorzystanie dostępnych zasobów halal, takich jak magazyny i centra dystrybucji halal, transport i kontenery halal oraz terminale morskie i powietrzne zgodne z halal. W tej chwili widzimy, że właściciele marek mają trudności w radzeniu sobie z problemami halal i kryzysem halal, ponieważ są w dużym stopniu zależni od szybkości organu certyfikującego halal w celu weryfikacji ewentualnych roszczeń dotyczących naruszenia integralności halal. Ponieważ ta weryfikacja może potrwać tydzień, szkoda już została wyrządzona. Blockchainy pozwalają na błyskawiczną weryfikację w przejrzysty sposób oraz skuteczną izolację problemu. Technologia Blockchain usprawnia udostępnianie informacji w zabezpieczonej sytuacji w całym łańcuchu dostaw. Dane przechowywane w publicznym łańcuchu bloków są dostępne dla każdego i nie można ich modyfikować. W związku z tym zwiększa zaufanie, bezpieczeństwo i przejrzystość w łańcuchu dostaw halal.

Wszystkie dane przechowywane w rozproszonej księdze są dostępne dla wszystkich interesariuszy, w tym konsumenta, który może uzyskać dostęp do informacji za pośrednictwem strony internetowej lub aplikacji mobilnej. Dla rządów blockchain może zaoferować rozwiązania dotyczące kontroli importu produktów halal, które podniosą standardy zgodności z przepisami.

Gdy informacje zostaną wysłane do łańcucha bloków od różnych dostawców w łańcuchu dostaw, mogą być monitorowane do innych celów, takich jak cele prawne i podatkowe. Firmy mogą również skorzystać z technologii blockchain, ponieważ relacje B2B (Business to Business) i B2C (Business to Consumer) zostaną wzmocnione dzięki większej przejrzystości i zapewnieniu autentyczności. Konsumenci żywności halal będą bardziej pewni, że za pomocą tylko kodu QR, który można zeskanować za pomocą aplikacji mobilnych, będą mogli prześledzić pochodzenie i sposób wytwarzania produktu spożywczego. Ostatecznie technologia blockchain może zaoferować platformę dla wszystkich graczy w łańcuchu dostaw żywności halal, aby zademonstrować swoją przejrzystość i odpowiedzialność za swoje produkty. Wraz z ciągłym wzrostem rynku halal, blockchain może zaoferować lepsze rozwiązanie, które zapewni więcej wysokiej jakości produktów halal dla wszystkich konsumentów.

co z jego zastosowaniem w świecie muzułmańskim lub bardziej bezpośrednio w gospodarce halal? Rysunek poniżej, dostosowując główne ramy agenta do interakcji między producentem żywności Halal, który musi wzbudzić zaufanie do swojego produktu, zabezpieczając logo Halal (od ministerstwa Halal / organu rządowego). Przedstawiamy różne zaangażowane strony przed nabywcą detalicznym Halal (HRB), który ostatecznie kupuje produkt spożywczy. W całym łańcuchu interakcji istnieją różne zobowiązania umowne, zanim HRB dokona zakupu, który jest napędzany tylko jednym czynnikiem: logo Halal, zaufanym logo. HRB zakłada nieodłączne założenie, że nastąpiło całe wypełnienie umowy.

Przypadek użycia: Blockchain w sektorze spożywczym Halal

Czy blockchain jest srebrną kulą na wszystkie problemy, które mogą istnieć w sektorze? Jak blockchain rozwiązuje ten problem? Rozważ poniższy rysunek, na którym przedstawiono potencjalne rozwiązanie blockchain w celu rozwiązania problemu asymetrii informacji. Czyni to, umożliwiając końcowemu nabywcy sprawdzenie, czy cały łańcuch wartości jest zgodny z wymogami islamskimi i ogranicza ilość potencjalnych oszustw. Załóżmy, że producent zakończył proces produkcji żywności Halal, powiedzmy wołowiny, i jest teraz gotowy do dostarczenia na rynek. Przed fizyczną transakcją lub wysyłką produktu producent wykona określone środki zgodności z halal i uwierzytelnienia (tj Halaltikat) w ramach due diligence.

Dopiero po takim dochowaniu należytej staranności produkt będzie mógł otrzymać logo Halal, które jest znakiem zaufania sygnalizującym konsumentowi detalicznemu, że produkt jest dobry i gotowy do spożycia.

Proces ten jest jednak nadal skażony odrobiną asymetrii informacji i zagrożeń, co pozostawia konsumenta w wątpliwość, a nawet przerażenie. Takimi ryzykami można zarządzać, stosując jedną z dwóch metod przedstawionych w schemacie zleceniodawca-przedstawiciel: badanie przesiewowe i sygnalizowanie.

Zastosowanie metody przesiewowej pozwala konsumentowi na weryfikację autentyczności produktów w sposób gwarantujący autentyczność i satysfakcję. Tutaj przydaje się technologia blockchain, która daje możliwość szczegółowego śledzenia wołowiny i umożliwia każdemu śledzenie

transport wołowiny, prosto z wypasu do rzeźni i do sprzedawcy detalicznego.

Sygnalizacja pochodzi od producenta – krytycznym sygnałem jest to, że posiada on certyfikat żywności poprzez odpowiednią HM. Ponownie, technologia blockchain jest bardzo odpowiednia do zabezpieczania i przechowywania takich sygnałów, czyniąc je odpornymi na manipulacje dla ogółu społeczeństwa. Połączenie obu metod na jednej platformie i zasilanie jej aplikacji przy użyciu technologii blockchain zapewni zaufanie potrzebne do transakcji i wyeliminuje problem asymetrii informacji i związane z nim ryzyko.

Rozważ prostą ilustrację poniżej:

1. Producent żywności Halal przesyła szczegółowe informacje o produkcie wraz z kationem certyfikacyjnym od odpowiedniego organu wydającego na platformę blockchain, Halalticate ;

2. Platforma rejestruje produkt i generuje niezmienny cyfrowy ślad, korzystając z opisu produktu i danych Halal w swojej bazie danych blockchain. Ślady cyfrowe będą miały formę unikalnych identyfikatorów w różnych formach (kod alfanumeryczny wraz z bezpiecznym wzorem, kodem QR, kodem kreskowym lub krótkimi linkami) dla pojedynczego produktu, partii lub kategorii;

3. Producent dołącza Unikalne ID do etykiety produktu i rozpoczyna wysyłkę.

Z drugiej strony klient Halal, który zamierza kupić produkt, zweryfikowałby autentyczność produktu w następujących krokach:

1. Klient wyszukuje unikalne (Halal) identyfikatory produktu;

2. Klient wysyła co najmniej jeden z unikalnych identyfikatorów do platformy Halalticate w celu weryfikacji kationu za pomocą urządzenia mobilnego za pomocą wiadomości SMS, skanu QR lub funkcji NFC;

3. Klient otrzymuje natychmiastowy raport i ścieżkę audytu produktu (ze szczegółowym opisem produktu i szczegółami Halal).

7. Przepływ transakcji przelewu za pomocą kryptowaluty i Blockchain

Potrzebą dnia jest wykorzystanie otwartego charakteru technologii blockchain, aby wprowadzić innowacje w modelach przekazów pieniężnych i zapewnić lepsze wrażenia użytkownika. Nie ma wątpliwości, że blockchain to przełomowa technologia, która zasadniczo zmieni przekazy pieniężne i płatności, a także wiele innych branż, w tym bankowość. Pierwsi inicjatorzy, którzy wykorzystali blockchain do przekazów i płatności, do tej pory ograniczali się do kilku, zwłaszcza w Islamskim Finansach. W związku z tym zapewnia nieograniczone możliwości dla banków islamskich, aby go przyjąć.

Banki islamskie na całym świecie stosują cyfryzację usług bankowych w celu osiągnięcia dokładności, bezpieczeństwa, szybkości procesu i niższych opłat za przetwarzanie przelewów, tj. peer-to-peer (P2P), business-to-business (B2B), business-to-individual (B2I) i e-commerce. Celem jest osiągnięcie taniego ekosystemu przekazów i pośredników płatniczych przy użyciu otwartej i przejrzystej technologii blockchain.

Przekazy pieniężne jako transfer funduszy typu peer-to-peer przez granice mają znaczenie gospodarcze dla wielu krajów, które je otrzymują. Globalne przekazy wzrosły o 7 procent do 613 miliardów dolarów w 2017 roku, z 573 miliardów dolarów w 2016 roku i oczekuje się, że wzrosną o 4,6 procent do 642 miliardów dolarów w 2018 roku. PKB, zwłaszcza dla rozwoju krajów słabo rozwiniętych. Głównym motorem wzrostu transgranicznych globalnych przekazów pieniężnych jest wzrost populacji imigrantów na całym świecie w poszukiwaniu lepszego zatrudnienia i wyższych zarobków, co może nie być możliwe w ich ojczystym miejscu. Najpopularniejszym przekazem są płatności typu peer-to-peer (P2P) lub znane również jako „osoba do osoby", które umożliwiają przekazanie pieniędzy znajomym lub członkom rodziny, w kraju lub za granicą, o stosunkowo niskiej wartości i powtarzają się w naturze.

Tradycyjny model przekazów pieniężnych ewoluuje wraz z postępem technologii opartej na blockchain. Technologia Blockchain ułatwia wykorzystanie zasobów cyfrowych, takich jak kryptowaluta, do przetwarzania płatności za pomocą unikalnej, zabezpieczonej wspólnej księgi elektronicznej.

Blockchain umożliwia cyfryzację informacji przechowywanych w przejrzystych, zdecentralizowanych bazach danych z siecią peer-to-peer, która jest w pełni zabezpieczona i chroniona przed usunięciem, manipulacją i modyfikacją. Blockchain to forma księgi rekordów lub transakcji ułożonych w kolejności, która jest określana jako bloki i jest połączona za pomocą walidacji kryptograficznej. Każdy blok jest przywoływany i identyfikowany za pomocą poprzedniego bloku przez funkcję mieszającą, która tworzy nieprzerwany łańcuch i tworzony jest łańcuch bloków.

Ta unikalna cecha technologii blockchain eliminuje gharar (niepewność) i sprawia, że przetwarzanie transakcji jest opłacalne (niskie opłaty – ujr) oraz ułatwia włączenie finansowe nieubankowionych pracowników migrujących, którzy muszą przekazać pieniądze rodzinie w swoim kraju. Kolejną zaletą jest nieprzenikliwość, co utrudnia kompromis, ponieważ wszystko jest śledzone w księdze, co uniemożliwia ludziom podszywanie się lub tworzenie fałszywych danych. Blockchain wzmacnia ekosystem płatności, zapewniając nieograniczone możliwości korzystania z zasobów cyfrowych, płatności, przekazów pieniężnych i wdrażania inteligentnych kontraktów.

Kolejną zaletą jest nieprzenikliwość, co utrudnia kompromis, ponieważ wszystko jest śledzone w księdze, co uniemożliwia ludziom podszywanie się lub tworzenie fałszywych danych. Blockchain wzmacnia ekosystem płatności, zapewniając nieograniczone możliwości korzystania z zasobów cyfrowych, płatności, przekazów pieniężnych i wdrażania inteligentnych kontraktów.

Przelewy oparte na blockchain będą przetwarzać przekazy wydajniej i dokładniej, jednocześnie zmniejszając koszty przetwarzania transakcji. Przelewy oparte na blockchain zapewniają, że transakcje są przejrzyste i zgodne między stronami oraz promują zaufanie dzięki bezpiecznej metodzie przetwarzania, która jest również zgodna z zasadami szariatu i spełnia cele Islamskiego Finansów. Trwają debaty na temat akceptacji kryptowaluty pod szariatem (prawem islamskim) jako środka wymiany. Jednak banki islamskie stosują technologię blockchain w celu ulepszenia usług finansowych. Bank Al Rajhi podjął inicjatywy mające na celu przyjęcie ekosystemu Ripple do przekazów i płatności. To pokazuje, że poziom akceptacji wzrasta wśród banków islamskich. Technologia Blockchain odbija się echem w całym globalnym ekosystemie finansowym, a pierwsi użytkownicy będą mieli większą przewagę. Banki islamskie muszą być przygotowane, ponieważ firmy fintechowe już rozpoczęły zakłócenia, a akceptacja na poziomie konsumentów rośnie.

8. Takaful (ubezpieczenie islamskie)

Przenosząc roszczenia ubezpieczeniowe do niezmiennej księgi, blockchain może pomóc wyeliminować powszechne źródła oszustw w branży ubezpieczeniowej. Wspólna księga i polisy ubezpieczeniowe realizowane za pomocą inteligentnych kontraktów mogą przynieść o rząd wielkości poprawę efektywności ubezpieczeń majątkowych i wypadkowych. Dzięki blockchain dokumentacja medyczna może być zabezpieczona kryptograficznie i udostępniana między świadczeniodawcami opieki zdrowotnej, zwiększając interoperacyjność w ekosystemie ubezpieczeń zdrowotnych. Zabezpieczając umowy reasekuracyjne w blockchain za pomocą inteligentnych kontraktów, blockchain może uprościć przepływ informacji i płatności między ubezpieczycielami i reasekuratorami.

– Zautomatyzowana likwidacja szkód w ubezpieczeniach gospodarczych, komunikacyjnych itp.

Inteligentne kontrakty, które łączą ubezpieczycieli, klientów i strony trzecie z jedną platformą, doprowadzą do usprawnienia procesów oraz skrócenia czasu i kosztów przetwarzania roszczeń.

– Nowe produkty, takie jak ubezpieczenia peer-to-peer/takaful.

Można oszacować, że migracja tradycyjnych kontraktów do inteligentnych kontraktów pozwoli zaoszczędzić miliardy dolarów na globalnych rynkach islamskich finansów. Rzeczywiście są znaczące, ale nie przychodzą bez wyzwań do pokonania, ale będzie to możliwe dzięki determinacji i zasobom, aby to zrobić.

Jako niszowa sekcja sektora ubezpieczeniowego, segment takaful znajduje się pod znaczącym wpływem zaburzeń występujących w sektorze ubezpieczeniowym. Globalny rynek ubezpieczeniowy charakteryzował się rozsądnym tempem wzrostu , z globalną realną stopą wzrostu składek na poziomie 2,9% w gospodarkach rozwiniętych i 7,4% w krajach wschodzących i rozwijających się w 2014 r., co stanowi poprawę w porównaniu ze wskaźnikami z 2012 i 2013 r. Podobnie wykazano tempo wzrostu składek brutto w sektorze takaful

ożywienie w 2014 r. w stosunku do 2013 r., kiedy tempo wzrostu składek było zdecydowanie najniższe w historii. Ożywione składki brutto tak prężnego sektora sięgnęły 22,1 mld USD w 2014 r., w porównaniu z zaledwie około 5 mld USD w 2006 r. W 2016 r. globalny rynek ubezpieczeniowy odnotował stabilne stopy wzrostu, wspierane głównie przez rynki wschodzące. Składki majątkowe we wschodzącej Azji wzrosły w tempie 7,3% w 2016 r., po silnym wzroście o 9% w 2015 r.

Inteligentne kontrakty wdrożone za pośrednictwem łańcucha bloków zapewnią klientom i firmom posiadającym ubezpieczenie (ubezpieczenia) system do zarządzania roszczeniami w sposób przejrzysty, szybki i niepodważalny. Polisy Takaful wraz z ich warunkami i potencjalnymi roszczeniami mogą być rejestrowane w łańcuchu bloków i zatwierdzane przez sieć, zapewniając wydawanie ważnych roszczeń i odrzucanie fałszywych roszczeń. Na przykład blockchain odrzuci wiele roszczeń dotyczących jednego wypadku, ponieważ sieć będzie wiedziała, że roszczenie zostało już złożone. Inteligentne kontrakty będą również sprawnie przetwarzać roszczenia, automatycznie uruchamiając płatności, gdy określone warunki zostaną spełnione i zatwierdzone. Aby skuteczniej wykrywać oszustwa związane z tożsamością, sfałszowane zgłoszenia obrażeń lub szkód itp., blockchain może być używany jako międzybranżowy, rozproszony rejestr z danymi zewnętrznymi i danymi klientów, aby:

– Potwierdź autentyczność, własność i pochodzenie towaru oraz legalność dokumentów (np. raporty medyczne)

– Sprawdź raporty policyjne wskazujące na kradzież, historię roszczeń, a także zweryfikowaną tożsamość osoby i ujawnij schematy oszustwa związane z osobą lub tożsamością

– Dowód daty i godziny wystawienia polisy lub zakupu produktu/aktywa

– Weryfikacja własności i zmian w witrynie

Mimo to, aby osiągnąć pełne korzyści specyficzne dla łańcucha bloków z tych aplikacji, ponad to, co można osiągnąć w przypadku tradycyjnych rozwiązań i innych bieżących rodzajów współpracy, na przykład za pośrednictwem stowarzyszeń branżowych, potrzebna jest szeroka współpraca między ubezpieczycielami, klientami, producentami i innymi interesariuszami. Jest to przykład ekosystemu wyrastającego poza tradycyjną praktykę branżową w ekonomii współdzielenia ery cyfrowej.

9. Mądry Sukuk

Struktura Smart Sukuk jest jedną z najnowszych i znaczących struktur dla przyszłych emisji sukuk. W erze zatłoczonego finansowania i ulepszeń technologii finansowej, Smart

Sukuk wydaje się być przyszłością islamskiego pozyskiwania funduszy na rozwój infrastruktury i biznesu.

Smart Sukuk ma inne cechy niż konwencjonalny sukuk; oczywiste jest, że rynki sukuk są najkorzystniejsze w islamskich finansach. Jednak jasne jest również, że jest on zwykle emitowany przez potężne instytucje i agencje rządowe, dlatego sukuk staje się bardzo kosztowny pod względem emisji. Inteligentna struktura sukuk dołożyła starań, aby wykorzystać technologię blockchain i zwiększyć wydajność, przejrzystość, obniżyć koszty i umożliwić małym i średnim przedsiębiorstwom MŚP, projektom społecznym, grupom i stowarzyszeniom wydawanie własnych sukuk przy użyciu nowej technologii. Jako pierwsza na świecie innowacja w inteligentnym sukuku wprowadzona przez firmę blossom finance, placówka usiłowała zmienić konwencjonalne sposoby emisji sukuk za pomocą blockchain. Inteligentny sukuk kwiatu wykorzystuje inteligentne kontrakty blockchain Ethereum w innych, aby zwiększyć wydajność i uczynić go akceptowalnym na całym świecie sukuk. Głównym znaczeniem Smart Sukuk jest standaryzacja i automatyzacja płatności księgowych, prawnych i ogólnych w przypadku konwencjonalnych ofert sukuk, a wszystko to będzie w pełni wspierane przez licencjonowany podmiot prawny w kraju emitującym.

Jeśli chodzi o opłaty, produkt Blossom Smart Sukuk nie będzie pobierał żadnych opłat z góry ani kosztów dla instytucji lub inwestorów, jak to jest zwykle praktykowane w konwencjonalnym sukuk. Zamiast tego, emitent lub Blossom przejmie 20% udział w zyskach inwestora, zwany kapitałem własnym. Oznacza to, że Blossom zarabia tylko wtedy, gdy inwestorzy zarobili pieniądze, a Blossom może stracić, jeśli inwestorzy nie osiągną żadnego zysku w transakcji, a to jest dokładnie islamski system dzielenia się zyskami i wspólnymi stratami.

W przeciwieństwie do konwencjonalnych obligacji – które opierają się na długu z płatnością odsetek – sukuk jest strukturą finansowania zgodną z szariatem, zwykle opartą na płatności z podziału zysku lub własności aktywów. Sukuk jest sekurytyzowany, co oznacza, że można nim handlować na rynkach wtórnych, podobnie jak akcjami można handlować na giełdzie. Islamskie finanse zabraniają spłacania odsetek od pożyczek i sprzedaży długów; Rynki sukuk ewoluowały jako sposób na sekurytyzację islamskich sposobów finansowania, takich jak podział zysków. Sukuk jest popularnym podejściem rządów dążących do finansowania projektów infrastrukturalnych, ale złożoność prawna i ogólne koszty wydania sukuk sprawiają, że jest ono poza zasięgiem większości klientów instytucjonalnych. W zależności od konkretnych potrzeb instytucji, istnieją różne struktury sukuk oparte na różnych umowach zgodnych z szariatem: podział zysków (sukuk almudaraba) , zakup z odroczonym terminem dostawy (sukuk al- salam), dzierżawa aktywów (sukuk). alijara), joint venture (sukuk al - musharaka), sukuk al -listisnah (oparte na projekcie) oraz zakup aktywów według kosztu plus (sukuk al- murabaha). Zauważalną różnicę między obligacjami a sukuk można zauważyć w przypadku niewypłacalności: posiadacze obligacji mają nieściągalny dług, a posiadacze sukuk mają cenne aktywa.

Obecnie wiele instytucji starających się pozyskać fundusze w sposób zgodny z szariatem nie ma opcji i instytucje te uważają, że jedynym dostępnym finansowaniem jest konwencjonalna pożyczka z banku komercyjnego. Pożyczki z odsetkami są zabronione w szariatu, a zatem zabronione w Islamskim Finansie. Sukuk pojawił się jako zgodna z szariatem metoda pozyskiwania funduszy przez instytucje, ale często ma znacznie większą złożoność prawną i operacyjną niż konwencjonalna pożyczka.

Inwestorom w sukuk przyznawany jest udział we własności, który reprezentuje ich częściową własność w bazowym aktywie lub strukturze zgodnie z warunkami własności sukuk. Posiadacze sukuk otrzymują okresowe płatności od instytucji zbierającej fundusze. Inwestorzy mogą utrzymywać sukuk do terminu zapadalności lub sprzedać swoje prawo własności w sukuk stronie trzeciej . Ta późniejsza sprzedaż stronie trzeciej jest znana jako „obrót wtórny" i jest tym, co odróżnia sukuk jako aktywa „sekurytyzowane".

Smart Sukuk firmy Blossom działa na blockchainie Ethereum, który obsługuje „inteligentne kontrakty". Inteligentna umowa koduje reguły biznesowe bezpośrednio w podstawowej walucie płatności – sam blockchain wymusza zasady umowy dotyczące płatności i przeniesienia własności.

Tokeny Smart Sukuk obsługują standardowy protokół branżowy o nazwie ERC20. Standard umożliwia handel tokenami na całym świecie na różnych publicznych giełdach kryptowalut. Instytucja, która chce pozyskać fundusze, może wyemitować Smart Sukuk firmy Blossom, która zbiera fundusze od inwestorów w zamian za tokeny Smart Sukuk reprezentujące część właścicielską sukuk. Kiedy instytucja dokonuje płatności, środki są automatycznie dystrybuowane z powrotem do posiadaczy Smart Sukuk Token za pośrednictwem blockchainu zgodnie z zasadami inteligentnej umowy - bez konieczności korzystania z konwencjonalnych banków lub pośredników.

B. Blockchainy dla islamskich finansów: przeszkody i wyzwania

Lista wyzwań stojących przed zastosowaniem łańcuchów bloków w islamskich finansach jest długa. Ewolucja łańcucha bloków wiąże się z wyzwaniami technicznymi, biznesowymi/rynkowymi, prawnymi/regulacyjnymi i behawioralnymi/edukacyjnymi. Niektóre z najważniejszych wyzwań to skalowalność (techniczna), innowacyjność (biznes), zaufanie do sieci (behawioralne) i nowoczesne regulacje (prawne). Zrozumienie kompromisów i mądrych wyborów dotyczących baz danych i łańcuchów bloków to kluczowa kompetencja, którą należy doskonalić. Zaczyna się od jasnego zrozumienia mocnych i słabych stron każdego podejścia. Znalezienie właściwej równowagi między tym, w czym blockchain jest szczególnie dobry, a połączeniem uzyskanych korzyści z bazami danych zaplecza lub istniejącymi aplikacjami, jest częścią magii, której należy nieustannie poszukiwać. Wciąż uczymy się, czym są te granice i, podobnie jak wahadło, możemy przechylać się nadmiernie w jedną stronę, a potem w drugą, zanim znajdziemy punkt pośredni. Wraz z tym tematem pojawia się kwestia przechowywania danych blockchain dla wymagań transakcyjnych, historycznych, analitycznych i raportowania zgodności. Oto niektóre z głównych wyzwań stojących przed zastosowaniem łańcuchów bloków w islamskich finansach:

1. Zakłócenia rządowe

Kilka rządów, celując głównie w Bitcoin, nie czuło się komfortowo z walutą, która nie była wspierana przez instytucje suwerennego kraju. Niektóre kraje i banki centralne, w tym Rosja, Chiny i Unia Europejska, wydały oficjalne ostrzeżenia przed użyciem Bitcoina we wczesnych latach. Blockchainy to nie Bitcoin, ale umożliwiają tworzenie i dystrybucję kryptowalut, a także aktywów o rzeczywistej wartości. Operacje blockchainów będą nadal przedmiotem kontroli rządowej, dopóki politycy i decydenci nie poczują się bardziej komfortowo z ich użyciem.

Rządy mogą wysyłać niewłaściwe sygnały rynkowi, decydentom i organom ścigania, które zazwyczaj są ich pełnomocnikami. Ponadto brutalne działania rządu mogą spowodować skrócenie lidera sektora prywatnego w technologii blockchain, o której wiadomo, że przynosi owoce innowacji. Oczywiście regulacje rządowe mogą mieć zastosowanie do ochrony konsumentów i niektórych innych standardów, ale wczesna ingerencja generalnie nie będzie pomocna. Zgodność jest ważnym działaniem, szczególnie dla dostawców usług finansowych, którzy wydają miliardy dolarów rocznie, aby być na bieżąco z najnowszymi przepisami i regulacjami. Wczesne platformy blockchain koncentrowały się na transakcjach, a nie raportowaniu. Platformy te będą jednak potrzebowały lepszych możliwości w zakresie opodatkowania i raportowania, aby ich wyniki mogły być wprowadzane do tradycyjnych systemów księgowych. Pojawią się rozwiązania skierowane do tego sektora.

Zarówno zgodność, jak i niezgodność są kosztowne, stanowiąc koszty ogólne, które wpływają na marże zysku. Niektóre obszary, w których zgodność może przynieść przełom, mogą obejmować:

- Akceptowanie tokenów zabezpieczonych kryptowalutami jako wartości rzeczywistej.
- Rozpoznawanie ostateczności transakcji, które przeszły przez łańcuch bloków.
- Umożliwienie niezbędnych powiązań prawnych z inteligentnymi umowami.
- Zezwalanie na walidacje kontrahentów peer-to-peer za pośrednictwem łańcucha bloków.

2. Słabo rozwinięta infrastruktura ekosystemów

Na początek każdy blockchain potrzebuje własnej infrastruktury technologicznej, a także otaczającego go dynamicznego ekosystemu z wieloma uczestnikami, którzy go wspierają. Po stronie technologii sam protokół jest minimalnym wymaganiem i chociaż musi być rozszerzony o narzędzia i usługi programowe, aby był użyteczny, to ekosystem graczy wokół technologii ma bezpośredni wpływ na rozwój rynku blockchain. Bez adopcji wpływ jest niewielki. Dynamiczny ekosystem obejmuje różnych graczy w każdym z następujących segmentów:(Mougayar , 2016)

- Kompletny stos technologii, w tym infrastruktura, oprogramowanie pośrednie i aplikacje.
- Startupy, które wprowadzają innowacje, tworząc nowe produkty i tworząc nowe rynki.
- Dostawcy rozwiązań i usług, którzy dostarczają kompleksowe wdrożenia dla przedsiębiorstw.
- Fundatorzy i kapitał wysokiego ryzyka, którzy podejmują ryzyko wraz z przedsiębiorcami i naukowcami
- Adwokaci, influencerzy, analitycy, wolontariusze, sympatycy, społeczności lokalne.
- Deweloperzy i technolodzy pracujący nad podstawowymi i rozszerzonymi elementami technologicznymi
- Użytkownicy, którzy są uwarunkowani do wypróbowania produktów, zarówno jako konsumenci, jak i klienci korporacyjni.

Pojawienie się nowych aplikacji wymaga czasu, gdy na scenę wkracza nowa podstawowa technologia. Niemniej jednak replikacja jest dobrym pierwszym krokiem, ponieważ pozwala zdobyć doświadczenie, gdy oczekiwania są niższe. Przyjmując jako skrajny przypadek, prawie każda aplikacja może zostać przepisana z odrobiną blockchain i decentralizacji, ale to nie znaczy, że jest to dobry pomysł. Niektóre łańcuchy bloków, takie jak Ethereum, mają podobną funkcję „maszyny wirtualnej", która umożliwia uruchamianie programów na łańcuchu bloków bez konieczności zwracania uwagi programistów na nieodłączną architekturę komputera. Kolejną krytyką blockchain jest brak tak zwanych „zabójczych aplikacji", które mają zwiększać wykładnicze użycie wśród konsumentów. Z pewnością będziemy oczekiwać widocznych aplikacji jako sygnałów nawigacyjnych dla innych, ale istnieje inny punkt widzenia wspierający sprawę kilku zabójczych aplikacji, a nie tylko jednej. Co więcej, brak kompleksowego zrozumienia podstawowych możliwości związanych z blockchainem zniechęci każdego mądrego dyrektora do dostrzeżenia pełni jego potencjalnej wartości. To wyzwanie zostanie rozwiązane tylko poprzez skoordynowany wysiłek, aby zdobyć wiedzę na temat blockchain i jego potencjału.

3. Niejasne przepisy

Dopóki stanowisko regulatorów nie zostanie wyjaśnione, zamieszanie i niepewność będą istnieć dla wszystkich zaangażowanych w przestrzeń blockchain. Blockchain to przebojowa technologia, która ma wpływ na tak wiele obszarów i prawdopodobnie różne rodzaje regulacji nadejdą z różnych kierunków. Fundamentalną zmianą paradygmatu, z którą organy regulacyjne będą musiały się uporać, jest to, że zaufanie jest teraz bardziej otwarte i „wolne od centralnej kontroli", którą zazwyczaj regulowali. Zmienia się charakter zaufania, ale regulatorzy są przyzwyczajeni do regulowania „dostawców zaufania". Czy nauczą się dostosowywać, gdy dostawcą zaufania jest blockchain lub nowy typ pośrednika, który nie pasował do poprzedniego modelu regulacji centralnego dławika? W szczególności blockchain jest domyślnie zdecentralizowany, więc trudniej jest regulować zdecentralizowane podmioty niż centralne. Dlatego będziemy musieli widzieć innowacje w przepisach. Może na przykład łańcuchy bloków mogą zostać certyfikowane.

Ogólnie rzecz biorąc, regulatorzy i decydenci reagują na trzy różne sposoby w obliczu nowej technologii :

1. Nie rób nic i pozwól rynkowi dojrzewać i ewoluować sam.

2. Kontroluj punkty ssania. Na przykład tymi dławikami mogą być giełdy kryptowalut lub dostawcy oprogramowania, którzy będą musieli uzyskać licencję.

3. Wstaw automatyczną regulację w miejscu transakcji lub gdzieś w trakcie jej podróży. Może to obejmować zrobienie miejsca na dostępność bezpośredniego raportowania danych przez tylne drzwi, rurę wydechową informacji lub bezpośrednie odliczenie od transakcji.

4. Bezpieczeństwo, prywatność i brak standardów

Kwestia bezpieczeństwa blockchain będzie trwała wiecznie. Wciąż przyzwyczajamy się do ostateczności transakcji przez konsensus (bez względu na formę konsensusu), zamiast „zatwierdzenia bazy danych", co jest bardziej deterministyczną metodą. Duże organizacje, zwłaszcza banki, nie były szczególnie zainteresowane przyjmowaniem publicznych blockchainów na swoje wewnętrzne potrzeby, powołując się na potencjalne problemy z bezpieczeństwem. Techniczny argument przeciwko pełnemu bezpieczeństwu publicznych blockchainów można łatwo sformułować w chwili, gdy wprowadzisz cień wątpliwości co do potencjalnego scenariusza, który może siać spustoszenie w ostateczności transakcji. Już samo to jest wystarczającym strachem, aby stać się czynnikiem odstraszającym do trzymania się z dala od publicznego blockchaina, chociaż argument może być przemawiający na korzyść ich bezpieczeństwa. W publicznym blockchainie domyślnym trybem widoczności każdej transakcji jest otwartość i przejrzystość. Oznacza to, że każdy może prześledzić ścieżkę transakcji, w tym posiadaną wartość oraz adres początkowy i docelowy. Ten poziom przejrzystości nie był początkiem w prywatnych implementacjach blockchain. Jednak teraz możliwe jest osiągnięcie poufności w transakcjach poprzez szyfrowanie wartości, a także możliwe jest ukrycie tożsamości za pomocą schematów dowodu z wiedzą zerową. Sceptycy Blockchain mogą pomyśleć: już sobie ufamy, a mamy stuletnie instytucje, które tego rodzaju zaufanie wykonują, więc dlaczego musimy pokładać zaufanie w sieci?

Zaufanie sieci komputerów wykonujących obliczenia matematyczne zamiast „znanej, zaufanej" strony, którą można zobaczyć, wymaga nowego paradygmatu mentalnego, do którego nie jesteśmy przyzwyczajeni. W końcu zmierzymy się z faktem, że zaufanie jest w sieci – i jest to nowa forma zaufania. Pamiętajmy, że płatności internetowe nie cieszyły się pełnym zaufaniem we wczesnych latach sieci (1994–1998), przynajmniej nie przez banki. Musieliśmy przejść przez specjalne „bramki płatnicze", które zostały skonfigurowane specjalnie do wykonywania tej funkcji zaufania, jednocześnie oddzielając ich od systemów bankowych, które nie chciały dotykać niezaufanych technologii. Wkrótce płacenie w sieci kartą kredytową stało się szalenie akceptowane i większość obecnych użytkowników sieci prawdopodobnie nie będzie pamiętała tych wczesnych dni niepokoju i strachu, chociaż podobieństwo do ufania blockchainom jest uderzająco znajome. (Mougayar , 2016)

Chociaż początkowo będziemy się martwić dostępnością blockchainów jako sieci dostarczania usług zaufania, ostatecznie zostaną one uznane za oczywiste, tak jak dostęp do Internetu jest dziś uważany za rzecz oczywistą w większości części świata.

Standardy pojawiają się zazwyczaj na dwa sposoby. Stają się one de facto normami w wyniku przyjęcia na rynek lub są opracowywane i uzgadniane a priori przez komitet normalizacyjny lub grupę konsorcjum. Normy niosą ze sobą szereg korzyści, w tym pewne efekty sieciowe, łatwiejszą interoperacyjność, wspólną wiedzę na temat wdrażania, potencjalne niższe koszty i mniejsze ogólne ryzyko. Normy mogą dotyczyć różnych warstw, ukierunkowanych na obszary techniczne, platformowe lub związane z procesem. Ale tutaj jest ostrzeżenie dotyczące standardów. Generalnie nie konkurujesz na standardach. Mają tendencję do wyrównywania szans i pozwalają firmom konkurować na własnych warunkach poprzez sposób, w jaki wdrażają te standardy. Twoja przewaga konkurencyjna może wynikać z szybkości wdrożenia lub zdolności do wprowadzania innowacji wykraczających poza te standardy. Blockchain będzie przedstawiał te same możliwości i zastrzeżenia dotyczące stosowania standardów. Normy będą konieczne, ale niewystarczające. Do podniesienia wszystkich łodzi potrzeba będzie kilku tysięcy programistów. Co pomoże zwiększyć liczbę programistów?

- Większa ogólna świadomość rynku na temat łańcucha bloków w celu zwiększenia zainteresowania.
- Popularność programów certyfikacji.
- Dostępność formalnych stopni naukowych specjalizujących się w tej dziedzinie.
- Programy szkoleniowe dostawców blockchain.

5. Kwestie dotyczące zasobów ludzkich i kosztów

Większość użytkowników nie radzi sobie ze zwiększoną złożonością użytkowania, zwłaszcza gdy podstawowa technologia jest złożona (łańcuch bloków). Wczesne aplikacje oparte na łańcuchu bloków mogą nie zapewniać najlepszych wrażeń użytkownikom, ale w końcu użytkownik może nawet nie wiedzieć, że za ich użyciem kryje się łańcuch bloków. Gdzie są Amazonki i eBayy łańcucha bloków? Tego rodzaju firmy stają się punktami odniesienia i modelami archetypowymi, ponieważ są pierwszymi dowodami na to, że można zbudować rentowny biznes na blockchainie. Będziemy musieli być świadkami pojawienia się takich firm i zobaczyć, jak ich sukces urzeczywistnia się poprzez przyjęcie na rynek. Niewystarczająco wykwalifikowanych osób w firmach, przekształcenie tysięcy pracowników w doświadczonych zwolenników blockchain zajmuje trochę czasu. Wewnątrz organizacji wymagana jest również masa krytyczna wewnętrznych zwolenników i ekspertów, aby mogli oni napędzać różnorodne eksperymenty blockchain i samodzielnie tworzyć rozwiązania, bez pozwolenia, tak jak aplikacje internetowe i pomysły stały się wreszcie drugą naturą większości przedsiębiorstw. Z drugiej strony kwestie kosztów są bardzo krytyczne. Rozpoczęcie zabawy z technologią blockchain nie jest drogie, ponieważ większość z nich jest bezpłatna dzięki licencjonowaniu open source. Pełne wdrożenie będzie jednak wiązało się z dodatkowymi kosztami, podobnie jak koszty typowych projektów i wdrożeń informatycznych. Niektórzy dyrektorzy ds. informacji (CIO) mogą niechętnie zwiększać swoje napięte budżety, dopóki nie zostaną wykazane wczesne zwroty z inwestycji.

6. Niedojrzałe oprogramowanie pośredniczące i narzędzia

Oprogramowanie pośredniczące i narzędzia do obsługi łańcucha bloków są naprawdę ważne. Oprogramowanie pośredniczące jest jak klej między infrastrukturą blockchain a budowaniem aplikacji. Narzędzia programistyczne ułatwiają realizację projektów rozwoju oprogramowania. Gdy tylko zaczniemy widzieć kompletne, gotowe do użycia produkty, które obiecują uprościć uruchamianie, rozwijanie i wdrażanie aplikacji blockchain, będziemy wiedzieć, że rozpoczęła się nowa faza.

7. Skalowalność

Skalowalność łańcuchów bloków to kwestia, która będzie nadal przedmiotem dyskusji. Skalowanie systemów technicznych to niekończące się wyzwanie. Jest to ruchomy cel, ponieważ potrzeby w zakresie skali ewoluują wraz z rozwojem; dlatego nie musisz rozwiązywać problemu, którego jeszcze nie masz. Skalowanie łańcuchów bloków nie będzie się różnić od sposobu, w jaki nadal skalujemy Internet, mówiąc koncepcyjnie. Jest wielu inteligentnych inżynierów, naukowców, badaczy i projektantów, którzy sprostają temu wyzwaniu i podołają mu. To, co jeszcze bardziej komplikuje skalowalność blockchainów, to wymagana równowaga, którą należy zachować między decentralizacją a bezpieczeństwem. Skalowanie zdecentralizowanej sieci za pomocą modelu ekonomicznego związanego z jej bezpieczeństwem to nowa granica, której wcześniej nie próbowano.

Rozdział 7
Kroki naprzód — kilka zaleceń

Islamskie rynki finansowe działają znacznie poniżej swojego potencjału, ponieważ sama islamska bankowość nie może się zakorzenić przy braku innych niezbędnych elementów islamskiego systemu finansowego. Zanim sformułowana zostanie jakakolwiek długoterminowa strategia, trzeba będzie uwzględnić szereg ograniczeń:

• Nie opracowano jeszcze jednolitych ram regulacyjnych i prawnych wspierających islamski system finansowy. Istniejące przepisy bankowe w krajach islamskich oparte są na modelu bankowości zachodnim. Podobnie islamskie instytucje finansowe napotykają trudności w działaniu w krajach niemuzułmańskich ze względu na brak organu regulacyjnego działającego zgodnie z zasadami islamu. Opracowanie ram regulacyjnych i nadzorczych, które zajęłyby się kwestiami specyficznymi dla instytucji islamskich, jeszcze bardziej wzmocniłoby integrację rynków islamskich i międzynarodowych rynków finansowych.

• Nie ma jednego, dużego i zorganizowanego centrum finansowego, które mogłoby twierdzić, że działa zgodnie z zasadami islamu. Chociaż giełdy w krajach wschodzących islamskich, takich jak Egipt, Jordania i Pakistan, są aktywne, nie są one w pełni zgodne z zasadami islamu. Giełdy w Iranie i Sudanie mogą być najbliżej działania zgodnego z zasadami islamu. Co więcej, rynek wtórny produktów islamskich jest wyjątkowo płytki i niepłynny, a rynki pieniężne prawie nie istnieją, ponieważ nie są obecnie dostępne rentowne instrumenty. Kolejnym wyzwaniem jest rozwój rynku międzybankowego.

• Tempo innowacji jest wolne. Rynek przez lata oferował te same tradycyjne instrumenty nastawione na krótko- i średnioterminowe terminy zapadalności, ale nie wymyślił jeszcze instrumentów niezbędnych do obsługi skrajnych terminów zapadalności. Potrzebne są narzędzia zarządzania ryzykiem, aby wyposażyć klientów w instrumenty zabezpieczające przed wysoką zmiennością na rynkach walutowych i towarowych. Ponadto na rynku brakuje instrumentów niezbędnych do zapewnienia realnych alternatyw dla finansowania długu publicznego.

• Islamski system finansowy potrzebuje solidnych procedur i standardów księgowych. Zachodnie procedury księgowe nie są odpowiednie ze względu na różny charakter i sposób traktowania instrumentów finansowych. Dobrze zdefiniowane procedury i standardy mają kluczowe znaczenie dla ujawniania informacji, budowania zaufania inwestorów oraz monitorowania i nadzoru. Właściwe standardy pomogą również w integracji islamskich rynków finansowych z rynkami międzynarodowymi. Instytucjom islamskim brakuje wyszkolonego personelu, który potrafiłby analizować i zarządzać portfelami oraz opracowywać innowacyjne produkty zgodnie z islamskimi zasadami finansowymi. Tylko ograniczona liczba islamskich instytucji może sobie pozwolić na szkolenie swoich pracowników i wykorzystanie zasobów w rozwoju produktów.

• Brak jest jednolitości zasad religijnych stosowanych w krajach islamskich. Wobec braku powszechnie akceptowanej centralnej władzy religijnej, banki islamskie utworzyły własne rady religijne, które udzielają wskazówek. Banki islamskie muszą konsultować się ze swoimi radami religijnymi lub doradcami szariatu , aby uzyskać zgodę na każdy nowy instrument. Różnice w interpretacji zasad islamu przez różne szkoły myślenia mogą oznaczać, że identyczne instrumenty finansowe są odrzucane przez jedną radę, ale akceptowane przez inną. Dlatego ten sam instrument może nie być akceptowalny we wszystkich krajach. Problem ten można rozwiązać tworząc jednolitą radę reprezentującą różne szkoły myślenia, która określi spójne zasady i przyśpieszy proces wprowadzania nowych produktów.

Poprawy można dokonać w kilku obszarach, aby promować i ulepszać świadczenie islamskich usług finansowych. Jednak niektóre obszary zasługują na natychmiastową uwagę.

A. **Inżynieria finansowa:**

Inżynieria finansowa i innowacje finansowe kierują globalny system finansowy w kierunku większej efektywności ekonomicznej, zwiększając możliwości dzielenia się ryzykiem, obniżając koszty transakcji i redukując asymetryczne koszty informacji i agencji. Inżynieria finansowa obejmuje projektowanie, rozwój i wdrażanie innowacyjnych instrumentów i procesów finansowych oraz formułowanie kreatywnych rozwiązań. Inżynieria finansowa może prowadzić do powstania nowego instrumentu finansowego typu konsumenckiego, nowego zabezpieczenia, nowego procesu lub kreatywnego rozwiązania problemów finansowych przedsiębiorstw, takich jak konieczność obniżenia kosztów finansowania, lepszego zarządzania ryzykiem lub zwiększenia zwrotu z inwestycji.

Dla islamskich instytucji finansowych wyzwaniem inżynierii finansowej jest wprowadzenie nowych produktów zgodnych z szariatem , które zwiększają płynność, zarządzanie ryzykiem i dywersyfikację portfela. Ogólnie rzecz biorąc, próby zastosowania technik inżynierii finansowej w bankowości islamskiej będą wymagały zaangażowania dużej ilości zasobów w zrozumienie charakterystyki ryzyka-zwrotu każdego z elementów składowych systemu i oferowanie nowych produktów o różnych profilach ryzyko-zwrot, które spełniają wymagania inwestorów, pośrednicy finansowi i przedsiębiorcy dla płynności i bezpieczeństwa. Sekurytyzacja jest głównym kandydatem do inżynierii finansowej. Potrzebne są również nowe innowacje finansowe, aby zaspokoić popyt na instrumenty na obu końcach struktury zapadalności: depozyty bardzo krótkoterminowe i inwestycje długoterminowe. Rynki pieniężne zgodne z szariatem obecnie nie istnieją i nie ma odpowiednika islamskiego rynku międzybankowego, na którym banki mogłyby lokować, powiedzmy, fundusze typu overnight lub pożyczać, aby zaspokoić potrzebę tymczasowej płynności. Chociaż sekurytyzacja puli portfeli leasingowych mogłaby przyczynić się do rozwoju rynku międzybankowego, wolumen transakcji oferowanych przez sekurytyzację może nie wystarczyć do zaspokojenia popytu.

Islamskie instytucje finansowe są na ogół niewielkie i nie mogą sobie pozwolić na inwestowanie znacznych środków w badania i rozwój. Nie są w stanie czerpać korzyści z ekonomii Nieformalne dyskusje z praktykami ujawniły, że rady religijne czasami są bardzo sztywne w drobnych kwestiach technicznych i utrudniają i wydłużają proces wprowadzania nowego produktu, co skutkuje straconymi szansami biznesowymi. Znaczenie inżynierii finansowej, islamskie instytucje finansowe powinny poważnie rozważyć podjęcie wspólnych wysiłków na rzecz rozwoju podstawowej infrastruktury do wprowadzania nowych produktów. Wspólne prowadzenie badań podstawowych i prac rozwojowych może zaoszczędzić część kosztów potrzebnych do samodzielnej budowy tej infrastruktury. Dobrym przykładem takiego zbiorowego wysiłku byłoby sponsorowanie badań nad rozwojem modeli analitycznych, systemów komputerowych i narzędzi do analizy ryzyka i zwrotu z różnych instrumentów. Inżynieria finansowa to obszar, w którym islamskie instytucje finansowe mogą skorzystać z bardziej doświadczonych instytucji zachodnich, które są bardziej wyrafinowane w inżynierii i marketingu właściwego produktu do właściwego klienta. Konwencjonalne banki inwestycyjne, które zainwestowały znaczne środki w infrastrukturę do opracowywania nowych produktów, mogą współpracować z islamskimi instytucjami finansowymi w celu opracowania produktów zgodnych z szariatem .

B. Zarządzanie ryzykiem i dywersyfikacja:

Ze względu na ograniczone zasoby, banki islamskie często nie są w stanie pozwolić sobie na drogie systemy zarządzania informacją lub technologię do oceny i monitorowania ryzyka w odpowiednim czasie. Przy słabym zarządzaniu i braku odpowiednich systemów monitorowania ryzyka, ekspozycja na ryzyko banków islamskich jest wysoka.

Zapewnienie bardziej zróżnicowanej kombinacji usług finansowych lub rozłożenie ryzyka na większy obszar geograficzny oznacza przynajmniej potencjał lepszej dywersyfikacji, więc taką samą ochronę przed trudnościami finansowymi można osiągnąć przy mniejszych zasobach. W przypadku islamskich instytucji finansowych ekspansja geograficzna bazy deponentów mogłaby doprowadzić do dywersyfikacji po stronie pasywów. Dywersyfikacja po stronie aktywów może zmniejszyć wariancję zwrotów, które przypadają posiadaczom roszczeń pośrednika finansowego. Ponadto dywersyfikacja geograficzna i sektorowa po stronie aktywów może rozbić koncentrację instytucji finansowych w regionie lub sektorze, a tym samym zmniejszyć ich ekspozycję poprzez tworzenie mniej doskonale skorelowanych ryzyk. Rozproszenie geograficzne produktów może dodatkowo pomóc pośrednikowi finansowemu w zwiększeniu ryzyka kredytowego poprzez wybór kredytobiorców z najlepszym kredytem i unikanie tych o najsłabszych. Dzięki dywersyfikacji banki islamskie byłyby w stanie rozszerzyć granicę zapadalności.

Islamscy pośrednicy finansowi muszą przyjąć odpowiednie zarządzanie ryzykiem nie tylko dla własnego portfela, ale także dla portfela swoich klientów. Dywersyfikacja i zarządzanie ryzykiem są ściśle związane ze stopniem niekompletności rynku. Na wysoce niekompletnych rynkach pośrednicy finansowi są w lepszej sytuacji, aby zapewnić klientowi dywersyfikację i zarządzanie ryzykiem, ponieważ odpowiedzialność za dywersyfikację ryzyka przenosi się z inwestorów na pośrednika finansowego, który uważa się za lepszy w zapewnianiu międzyokresowego zarządzania ryzykiem. Islamskie instytucje finansowe muszą podjąć natychmiastowe kroki w celu opracowania infrastruktury do wdrażania odpowiednich środków, kontroli i zarządzania ryzykiem oraz tworzenia innowacyjnych instrumentów do dzielenia się, przenoszenia i łagodzenia ryzyka finansowego, aby przedsiębiorcy mogli skoncentrować się na tym, co robią najlepiej: na zarządzaniu ekspozycją na ryzyko biznesowe, w którym mają przewagę komparatywną.

Wreszcie, islamskie instytucje finansowe muszą zdać sobie sprawę z wagi nie tylko ryzyka finansowego i zarządzania nim, ale także ryzyka operacyjnego, które jest ryzykiem wynikającym z niepowodzenia kontroli i procesów. Obecnie istnieje poważny brak kultury ryzyka i sponsorowania aktywnego zarządzania ryzykiem na poziomie przedsiębiorstwa.

C. Pozabankowe usługi finansowe:

W celu dalszego rozwoju rola pośrednictwa powinna zostać rozszerzona poza jego tradycyjną konfigurację. W szczególności istnieje potrzeba poszerzenia zakresu i zakresu oferowanych usług finansowych, na wzór koncepcji „supermarketu produktów finansowych". Taki supermarket zachowywałby się jak „wszystko w banku" obejmującym wszelkiego rodzaju usługi finansowe. W tej roli bank islamski służyłby jako punkt kompleksowej obsługi dla różnych rodzajów klientów, począwszy od osób prywatnych, instytucji, osób zamożnych i korporacji, oferując produkty, które służą ich inwestycjom, pożyczkom i zarządzaniu ryzykiem. oraz potrzeby w zakresie zarządzania majątkiem. Na przykład taka instytucja obsługiwałaby klientów detalicznych, zarządzała portfelami inwestycyjnymi i świadczyłaby różne usługi dla klientów korporacyjnych. Jednocześnie, niczym broker, supermarket produktów finansowych byłby firmą detaliczną, która zarządza aktywami i oferuje usługi płatnicze i rozliczeniowe. Większość banków islamskich nie jest odpowiednio wyposażona do świadczenia typowych usług bankowości inwestycyjnej, takich jak gwarantowanie, gwarancje, badania rynku i płatne usługi doradcze. Udoskonalenie i rozwój usług płatnych poprawiłoby funkcjonalność islamskich usług finansowych. Kontrakty płatne, takie jak joalah , wakalah i kifalah , wymagają dalszego rozwoju, jeśli mają zostać rozpoznane i zoperacjonalizowane w celu wykorzystania pełnych możliwości banków islamskich.

D. **Rozwój Rynków Kapitałowych:**

W odpowiedzi na obecną falę przychodów z ropy naftowej i rosnący popyt na produkty zgodne z szariatem , islamskie rynki kapitałowe rozwijają się w coraz szybszym tempie, a interesariusze zaczynają realizować swój potencjał. Rozwój infrastruktury instytucjonalnej, takiej jak standardy rachunkowości i organy regulacyjne, to krok we właściwym kierunku. Rynek potrzebuje jednak rządów przyjmujących, które podejmą silne przywództwo i konstruktywne działania polityczne.

Dobrze rozwinięte islamskie rynki kapitałowe przyniosą korzyści nie tylko pożyczkobiorcom i inwestorom instytucjonalnym, ale także mogą zwiększyć stabilność banków islamskich, zapewniając im ulepszony portfel, płynność i narzędzia zarządzania ryzykiem. Ostatecznie te wydarzenia pomogą zintegrować islamskie rynki finansowe, a także instytucje, które je tworzą, z szerszym konwencjonalnym międzynarodowym systemem finansowym.

Po stronie podaży, wielkość inwestycji islamskich, preferujących instrumenty zgodne z szariatem , wzrosła, tworząc masę krytyczną, która może wspierać dobrze funkcjonujący i wydajny rynek kapitałowy. Ewoluuje w prawdziwie międzynarodowy rynek. Nie tylko kredytobiorcy wysoko oceniani, tacy jak wielostronne banki rozwoju (np. Bank Światowy), ale także kredytobiorcy z krajów rozwijających się o niższym ratingu kredytowym, tacy jak Pakistan, z powodzeniem pozyskali znaczną ilość środków na tym rynku.

Instytucje te obejmują IFSB, AAOIFI, Centrum Zarządzania Płynnością, Międzynarodowe Islamskie Rynki Finansowe oraz Międzynarodową Islamską Agencję Ratingową. Po stronie popytu kraje rozwijające się, zwłaszcza kraje o średnich dochodach, będą wymagały znacznych inwestycji w infrastrukturę w ciągu następnej dekady. W samej Indonezji wymagane są dodatkowe inwestycje infrastrukturalne w wysokości 5 miliardów dolarów (2 procent PKB) rocznie, aby osiągnąć średnioterminowy cel wzrostu wynoszący 6 procent . Ponieważ krajowe rynki kapitałowe tych kredytobiorców są często zbyt płytkie, aby zaspokoić ich duże potrzeby inwestycyjne, będą oni musieli uzyskać dostęp do zewnętrznych źródeł finansowania.

Co więcej, muzułmańscy interesariusze w krajach o średnich dochodach coraz częściej wyrażają swoje preferencje dla finansowania zgodnego z szariatem . Z kolei pośrednicy finansowi, w tym banki komercyjne i inwestycyjne sektora prywatnego, a także instytucje finansowania rozwoju, będą musieli zacząć zwracać większą uwagę na „niefinansowe" potrzeby swoich klientów.

Dla wielostronnych banków rozwoju bardzo istotnym tematem jest rozwój islamskich rynków kapitałowych. Po pierwsze, wielostronne banki rozwoju są głęboko zaangażowane w finansowanie infrastruktury i są naturalnie zainteresowane islamskim rynkiem kapitałowym jako nowym i alternatywnym źródłem finansowania. Po drugie, poprzez kierowanie środków dostępnych na islamskich rynkach finansowych, które w większości znajdują się w krajach o wysokich oszczędnościach, takich jak kraje Rady Współpracy Państw Zatoki Perskiej i Malezja, na finansowanie inwestycji w krajach rozwijających się, wielostronne banki rozwoju mogą stworzyć nowy model współpracy międzynarodowej jednocześnie odpowiadając na głosy interesariuszy po obu stronach. Po trzecie, wielostronne banki rozwoju mogą promować stabilność finansową poprzez zachęcanie do rozwoju islamskich rynków kapitałowych i dostarczanie impetu integracji islamskich rynków finansowych z międzynarodowym systemem finansowym.

W niedalekiej przyszłości struktury takie jak ijarah (leasing) i murabahah (umowa koszt plus sprzedaż służąca do zakupu towarów), które zapewniają inwestorom z góry określony zwrot, a także pełne odwołanie się do dłużnika, prawdopodobnie będą miały większy potencjał rynkowy niż inne Struktury. Będzie to napędzane głównie preferencjami inwestorów, ale duża część potencjalnych pożyczkobiorców będzie wolała ograniczyć koszty kredytu, niż angażować się w programy czystego udziału w zyskach. Choć przyszłość wydaje się obiecująca, przed nami stoją pewne przeszkody, a uczestnicy rynku i organy regulacyjne muszą podjąć konkretne kroki, aby wesprzeć wzrost rynku. Po pierwsze i najważniejsze, rozwój rynku wymaga silnego sponsoringu i przywództwa ze strony rządu kraju goszczącego, zwłaszcza w kwestiach prawnych i regulacyjnych. Na przykład w przypadku transakcji ijarah właściciel aktywów operacyjnych zawiera transakcję leasingu. Chociaż właścicielem aktywów operacyjnych jest często sam rząd lub powiązane organy sektora publicznego, odpowiednie przepisy ustawowe i wykonawcze w kraju goszczącym mogą nie zezwalać tym organom na zastawianie lub dzierżawienie aktywów potrzebnych do ustrukturyzowania transakcji ijarah. To jest podstawowa kwestia; działania polityczne kraju przyjmującego są kluczowym warunkiem dalszego rozwoju rynku.

Ponadto pożyczkobiorcy, inwestorzy i pośrednicy muszą cierpliwie pielęgnować rynek. Transakcje islamskie są często mniej opłacalne niż konwencjonalne emisje obligacji. Każda nowa emisja wiąże się z wyższymi kosztami prawnymi i dokumentacyjnymi, a także kosztami dystrybucji, ponieważ oprócz oceny jakości kredytowej dłużnika wiąże się z badaniem odporności strukturalnej. Ponieważ warunki dostępne na islamskich rynkach kapitałowych pochodzą głównie z poziomu cen na bardziej płynnych konwencjonalnych rynkach obligacji, kredytobiorcy korzystający z rynków islamskich nie mają nieodłącznej przewagi kosztowej. Pożyczkobiorcy muszą zatem sformułować kompleksowy, długoterminowy i strategiczny pogląd na to, jak zmniejszyć całkowity koszt korzystania z rynków islamskich, zamiast skupiać się na pojedynczej transakcji. Inwestorzy mogą wspierać rozwój rynku, wyrażając swoje preferencje dla instrumentów zgodnych z szariatem , a mianowicie poprzez ceny ofertowe. Pośrednicy mogą kierować tym procesem, być może poprzez dalszą standaryzację schematów i instrumentów transakcyjnych .

E. Społeczna odpowiedzialność biznesu w islamie

Corporate Social Responsibility (CSR) to koncepcja, która przyciągnęła uwagę całego świata i zyskała nowy oddźwięk w globalnej gospodarce. Zwiększone zainteresowanie CSR w ostatnich latach wynikało z nadejścia globalizacji i handlu międzynarodowego, co znalazło odzwierciedlenie w zwiększonej złożoności biznesu i nowych wymaganiach dotyczących większej przejrzystości i obywatelstwa korporacyjnego. Co więcej, podczas gdy rządy tradycyjnie przyjmowały wyłączną odpowiedzialność za poprawę warunków życia ludności, potrzeby społeczeństwa przekroczyły możliwości rządów do ich zaspokojenia. W tym kontekście w centrum uwagi coraz częściej zwraca się uwagę na rolę biznesu w społeczeństwie, a postępowe firmy dążą do wyróżnienia się poprzez zaangażowanie w CSR.

Społeczna odpowiedzialność biznesu CSR to idea, która stale ewoluuje, ponieważ firmy biznesowe są coraz bardziej świadome otaczającej ich społeczności. CSR obejmuje zobowiązania firmy wobec społeczeństwa, wykraczające poza zwykłą maksymalizację zysków. CSR nie był traktowany poważnie, a czasem wyśmiewany przez firmy biznesowe przed późnymi latami 70. Zmianę podejścia do CSR można częściowo przypisać uchwaleniu nowego ustawodawstwa, które stworzyło wiele organów regulacyjnych w tym okresie. Nowe przepisy zapewniły firmom dodatkową zachętę do przeznaczania odpowiednich kwot środków fiskalnych na CSR, zamiast stawiać czoła surowym regulacjom rządowym. Podejście do CSR zmieniło się drastycznie pod koniec lat 90., ponieważ CSR był obecnie ideą głównego nurtu promowaną przez różne aspekty społeczeństwa, od korporacji po rządy.

Społeczna odpowiedzialność biznesu (CSR) ogromnie wzrosła w ciągu ostatnich trzydziestu lat, a większość organizacji biznesowych czuje się do dawania na cele charytatywne. Organizacje biznesowe angażujące darowizny na cele charytatywne i odzwierciedlające wysoce konkurencyjne środowisko lat 90. określane są mianem „miary strategicznej". Obejmuje darowizny korporacyjne, które służą dwóm celom: przeznaczaniu funduszy na cele charytatywne, przy jednoczesnym zwiększaniu wyników finansowych firmy i wzmacnianiu politycznej legitymacji biznesowej. „Dobroczynność strategiczna" stała się przyjętą praktyką, która pozwala korporacji zaspokoić altruistyczne impulsy, aby przyczynić się do celów charytatywnych, jednocześnie służąc dobru. W ten sposób inwestycje społeczności korporacyjnej pojawiły się poprzez cele programów CSR, a organizacje biznesowe czasami dbają o bliźniego poprzez swoje programy odpowiedzialności filantropijnej . Czysta działalność charytatywna zajmuje się wsparciem edukacji, sztuki i kultury, opieki zdrowotnej i społecznej, projektów obywatelskich i społecznych. Podczas gdy „charytatywna organizacja charytatywna" łączy czystą filantropię i sponsoring biznesowy z programami charytatywnymi, które są bezpośrednio lub pośrednio powiązane z celami biznesowymi. Jedną z cech „charytatywności strategicznej" jest wspólne sponsorowanie programów jednej lub więcej korporacji , realizowanych przez celowo utworzone fundacje charytatywne w celu optymalizacji wartości charytatywnej.

W ciągu ostatnich 50 lat etycy biznesu i teoretycy zarządzania włożyli wiele wysiłku w przemyślenie relacji biznes-społeczeństwo. Etycy ci opracowali modele, które można modyfikować lub kompromitować, aby odpowiadały zmieniającym się interesom społecznym. Ogólnie rzecz biorąc, istnieje sześć głównych modeli etycznych, które obecnie dominują w myśleniu etycznym, prowadząc do koncepcji społecznej odpowiedzialności biznesu. Można je podsumować następująco:

1. Relatywizm – Decyzje etyczne są podejmowane na podstawie własnego interesu i potrzeb, z wykluczeniem interakcji lub wkładu z zewnątrz.

2. Utylitaryzm – Decyzje etyczne podejmowane są na podstawie kalkulacji kosztów i korzyści. Utylitaryzm jest ogólnie uważany za zorientowany na wynik. To, co jest dobre dla większości, jest uważane za etyczne.

3. Uniwersalizm – Decyzje etyczne kładą nacisk na intencję decyzji lub działania (obowiązek). Każdy w podobnych okolicznościach powinien podejmować podobne decyzje.

4. Prawa – Decyzje etyczne kładą nacisk na jedną wartość – wolność i opierają się na prawach indywidualnych (uprawnienia indywidualne) zapewniających wolność wyboru.

5. Sprawiedliwość dystrybutywna – Decyzje etyczne obracają się wokół jednej wartości – sprawiedliwości. Aby być uważane za etyczne, decyzje i działania powinny zapewniać sprawiedliwy podział bogactwa i korzyści (sprawiedliwość i równość).

6. Odwieczne Prawo – Decyzje etyczne podejmowane są na podstawie odwiecznego prawa, które objawione jest w Piśmie Świętym.

Te modele etyczne stanowią tło dla koncepcji społecznej odpowiedzialności biznesu. Podejmowano próby konceptualizacji zachowań etycznych w kategoriach praktyk biznesowych korporacji w społeczeństwie. Wiele z tych prac skupiało się w szczególności na teoretyzowaniu, jaką odpowiedzialność ponoszą korporacje wobec społeczeństwa i jakie są konsekwencje powiązanych działań lub zaniechań.

W literaturze CSR zidentyfikowano kilka sił napędowych rosnącego trendu w kierunku inicjatyw CSR:

1. Narasta presja rynkowa, w której klienci, pracownicy lub rynki kapitałowe wywierają jakąś formę preferencji, presji lub sygnału. Poza tradycyjnymi preferencjami cenowymi i markowymi golenie kwestii społecznych i etycznych zyskało coraz większą uwagę opinii publicznej i wpłynęło na wyniki rynkowe. Rozwój branży etycznych inwestycji jest kolejnym wskaźnikiem tego, jak duży nacisk ludzie kładą obecnie na społeczne i etyczne zachowanie firm.

2. Istnieje rosnąca presja regulacyjna, od wymogów sprawozdawczych po regulacje rządowe, które wprowadzają obowiązkowe standardy biznesowe, których muszą przestrzegać firmy każdej wielkości.

3. Zwiększona siła komunikacji (np. internet, media elektroniczne i inne) skłoniła konsumentów i grupy nacisku, takie jak działacze społeczni, organizacje pozarządowe (NGO) i związki zawodowe do bardziej efektywnego kontrolowania działalności firm i opracowywania strategii, które mogą wpływać na firmy do działania w sposób odpowiedzialny społecznie.

4. Istnieje przewaga konkurencyjna, którą firmy uważają, że mogą czerpać z odpowiedzialności społecznej. Przewidują, że skutecznie informując o swoim wkładzie społecznym, środowiskowym i gospodarczym, mogą wzmocnić swoją markę, poprawić swoją reputację korporacyjną wśród klientów i dostawców oraz przyciągnąć i zatrzymać zaangażowaną i wykwalifikowaną siłę roboczą. W istocie istniejąca literatura twierdzi, że zaangażowanie w CSR z kolei doprowadzi do lepszych wyników pod względem rentowności, konkurencyjności i zarządzania ryzykiem.

Wpływ islamu na praktyki biznesowe jest dobrze udokumentowany w Świętym Koranie i Sunny, które są głównymi źródłami etyki biznesu w islamie. Islamskie wartości biznesowe, takie jak sprawiedliwość, miara społeczno-ekonomiczna, dobro człowieka, uczciwość itp. są uważane za rdzeń CSR w islamie. Islamskie instytucje finansowe (IFI) są uważane za posiadające tożsamość etyczną i mają różne cele społeczne i gospodarcze, ponieważ ich działalność opiera się na religii.

Ogólnym celem międzynarodowych instytucji finansowych jest przyczynienie się do rozwoju gospodarki w granicach islamu. W zakresie szariatu (prawa islamskiego) oczekuje się, że międzynarodowe instytucje finansowe będą kierować się islamskim światopoglądem ekonomicznym, opartym na zasadzie sprawiedliwości społecznej i dobrobytu społeczeństwa.

Islamska Instytucja Finansowa (IFI) jest jak każda inna konwencjonalna instytucja finansowa, która działa jako pośrednik między dostawcami funduszy a użytkownikami funduszy, jedyną różnicą jest to, że transakcje i umowy IFI muszą być zgodne z prawem islamskim.

Rosnąca świadomość i zapotrzebowanie na inwestowanie zgodnie z islamskimi zasadami etycznymi w skali globalnej przyczyniły się do uczynienia islamskiego systemu bankowego i finansowego kwitnącym przemysłem. Jest to również odzwierciedlenie rosnącego bogactwa i zdolności inwestorów, zarówno muzułmańskich, jak i niemuzułmańskich, do poszukiwania i inwestowania w nowe produkty inwestycyjne, które służą ich potrzebom. Islamskie instytucje finansowe (IFI) zarabiają tak samo, jak inne firmy biznesowe. Wiele osób twierdzi, że międzynarodowe instytucje finansowe powinny zaangażować się w „strategiczne działania charytatywne". Działalność międzynarodowych instytucji finansowych, w tym banków islamskich, opiera się na zasadach szariatu , które wymagają, aby IFI działały z zaangażowaniem odpowiedzialności społecznej.

W kontekście MIF, Stowarzyszenie Organizacji Rachunkowości i Audytu dla Islamskich Instytucji Finansowych (AAOIFI) wydało określone standardy dotyczące CSR znane jako Standardy zarządzania nr 7: Społeczna odpowiedzialność biznesu, postępowanie i ujawnianie informacji dla MIF. Według (AAOIFI) Społeczna Odpowiedzialność Biznesu (CSR) dla MIF odnosi się do wszystkich działań prowadzonych przez MIF (MIF odnosi się do każdej instytucji, która pełni rolę pośrednika finansowego, ściśle przestrzegającego przepisów szariatu). Obejmują one między innymi islamskie banki i islamskie firmy ubezpieczeniowe) w celu wypełniania swoich religijnych, ekonomicznych, prawnych, etycznych i uznaniowych obowiązków jako pośrednicy finansowi dla osób fizycznych i instytucji. Odpowiedzialność religijna odnosi się do nadrzędnego obowiązku MIF przestrzegania prawa islamu we wszystkich jego działaniach i operacjach. Odpowiedzialność ekonomiczna odnosi się do obowiązku banków islamskich, aby były finansowo żywotne, rentowne i wydajne. Odpowiedzialność prawna odnosi się do obowiązku międzynarodowych instytucji finansowych do przestrzegania i przestrzegania przepisów ustawowych i wykonawczych kraju, w którym prowadzą działalność. Odpowiedzialność etyczna odnosi się do obowiązku międzynarodowych instytucji finansowych respektowania masy norm społecznych, religijnych i zwyczajowych, które nie są skodyfikowane w prawie. Odpowiedzialność uznaniowa odnosi się do oczekiwań interesariuszy, że międzynarodowe instytucje finansowe będą odgrywać społeczną rolę we wdrażaniu islamskich ideałów, wykraczając poza obowiązki religijne, ekonomiczne, prawne i etyczne.

Rzeczywiście, ojcowie założyciele współczesnych islamskich finansów zgodzili się z poglądem, że międzynarodowe instytucje finansowe mają podwyższone poczucie odpowiedzialności społecznej, podobnie jak każda inna „islamska" instytucja. Nie oznacza to jednak, że międzynarodowe instytucje finansowe stają się niekonkurencyjnymi i nierentownymi organizacjami charytatywnymi, które służą jedynie realizacji celów rozwoju społecznego. Pociąga to za sobą zmianę sposobu myślenia bankierów islamskich, aby z zyskiem włączali cele rozwoju społecznego do swojego portfela inwestycji. Ponieważ coraz więcej posiadaczy rachunków inwestycyjnych, akcjonariuszy i ogólnych interesariuszy w pełni rozumie cele, które leżą u podstaw islamskiego systemu gospodarczego, pojawi się więcej wymagań, aby wiedzieć, w jakim stopniu ich lokalne międzynarodowe instytucje finansowe spełniają te cele społeczne. Dlatego też MIF, który intensywnie angażuje się w CSR i poprzez ujawnienie wykaże, że jest intensywnie zaangażowany w CSR, łatwiej zdobędzie legitymację niektórych interesariuszy (szczególnie tych zainteresowanych działaniami MIF w zakresie CSR), a ostatecznie zdobędzie ich lojalność. Stanowi to samo w sobie propozycję wartości dla międzynarodowych instytucji finansowych, które dążą do utrzymania klientów w oparciu o konkurencję pozacenową. Nie oznacza to jednak, że międzynarodowe instytucje finansowe powinny wdrażać społeczną odpowiedzialność biznesu ze względu na długoterminowe korzyści ekonomiczne. Podczas gdy rentowne instytucje gospodarcze muszą kierować się zachętami do zysku, w przypadku międzynarodowych instytucji finansowych nie jest to ich jedyny priorytet iz pewnością nie jedyny powód, dla którego wdrażają społeczną odpowiedzialność biznesu. Rzeczywiście, wszelkie poglądy, że międzynarodowe instytucje finansowe lub jakakolwiek inna instytucja, która twierdzi, że są islamskie, powinny być społecznie odpowiedzialne, musi wywodzić swoje uzasadnienie z islamskiego prawa i zasad zawartych w Koranie i Sunny Proroka Islamu, Mahometa (PZPN). Bez tego ostatecznego źródła legitymacji nie ma powodu do jakiegokolwiek działania.

ICSR wywodzi się z podstawowych zasad Koranu. Trzy główne fundamentalne zasady ICSR to zwierzchnictwo ludzkości na ziemi, boska odpowiedzialność i obowiązek ludzkości nakazywania dobra i zabraniania zła.

A. Namiestnictwo

Zasada namiestnictwa oznacza, że ludzkość jest reprezentantem Allaha na ziemi i jako taki Allah powierzył ludzkości zarządzanie własnością Allaha.

B. Boska odpowiedzialność

Zasada boskiej odpowiedzialności wypływa z zasady namiestnictwa i oznacza, że jednostki będą odpowiedzialne przed Allahem za wszystkie swoje czyny w Dniu Zmartwychwstania. Ta zasada jest wyjaśniona w kilku wersetach Koranu. Ta boska odpowiedzialność jest podstawą wszelkich działań muzułmanina, az kolei reprezentatywnych organizacji muzułmańskich.

C. Nakazywanie dobra i odrzucanie zła

Zasada nakazywania dobra i zabraniania zła obejmuje obowiązki, jakie Allah nakłada na muzułmanów jako powierników i namiestników.

Ta odpowiedzialność jest przytłaczająca i obejmuje wszystkie aspekty życia muzułmanina. Obejmuje ona przesądzenie działań pozytywnych (dozwolonych i zalecanych) oraz przesądzenie działań negatywnych (niedozwolonych i niezalecanych). Międzynarodowe instytucje finansowe generalnie zapewniły swój status operacyjny, unikając działań negatywnych. Jednak ich podejście do działań pozytywnych było zróżnicowane ze względu na brak standardów w tym obszarze.

Połączenie tych zasad oznacza boską odpowiedzialność każdego muzułmanina za nakazanie dobra i sprawiedliwości oraz zakazanie zła i niesprawiedliwości. Te podstawowe zasady stanowią zatem podstawę indywidualnej odpowiedzialności społecznej.

Milton Friedman jest jednym z architektów ruchu przeciwko odpowiedzialności społecznej, pisząc to, co przez wielu uważane jest za przełomowe dzieło dyskredytujące CSR i firmy, które promują swoje referencje w zakresie CSR..

Sprzeciw Friedmana wobec CSR był dwojaki. (Moon, 2011). Po pierwsze, argumentował, że menedżerowie są odpowiedzialni przed właścicielami firmy i że o ile nie sygnalizują inaczej, należy przyjąć, że właściciele chcą

maksymalizacji zysków firmy. Konsekwencją jest to, że dla Friedmana CSR to wydatek netto bez żadnych pozytywnych korzyści dla firmy. Nieco ciekawie dodał, że firmy mogły dokonywać inwestycji społecznych, ale jeśli mają one jakieś zalety firmy (np. lojalność pracowników, produktywność), nie należy ich traktować jako CSR. Wniosek z tego jest taki, że Friedman nie uważał Interesów społecznych i prywatnych za potencjalnie zgodne – są one raczej dychotomiczne.

Po drugie, Friedman argumentował, że CSR wkracza na właściwy teren (demokratycznego) rządu i że menedżerowie nie są przeszkoleni w rozwiązywaniu kwestii polityki publicznej, a zatem nie mają odpowiedniej wiedzy, ani nie są odpowiedzialni za kwestie polityki publicznej. W obu przypadkach kontrast dotyczy ustawodawców i urzędników publicznych, których uważa za posiadających wiedzę fachową i odpowiednio rozliczanych. Krótko mówiąc, Friedman (1970) proponuje inną dychotomię, w tym przypadku między pracą rządu a biznesem.

F. **Ład korporacyjny w islamskich finansach**

Ład korporacyjny ma na celu dostarczenie instytucjom zbioru reguł i zasad w celu zapewnienia, że dobre praktyki kierują ogólnym zarządzaniem instytucją. Obecnie oznacza to cały proces zarządzania spółką i strukturę motywacyjną w celu rozwiązania kwestii zleceniodawcy-przedstawiciela i zapewnienia, że kierownictwo wykonawcze służy długofalowemu interesowi akcjonariuszy i trwałej wartości firmy zgodnie z prawem i etyka kraju. Wszystkie złożone czynniki, które są zaangażowane w równoważenie władzy między dyrektorem generalnym (CEO), zarządem i akcjonariuszami, są obecnie uważane za część ram ładu korporacyjnego, w tym audyty, bilanse i ujawnianie informacji pozabilansowych i przejrzystość.

Jeśli islamskie instytucje finansowe mają być wiarygodne dla swoich klientów, muszą mieć sformalizowany system zapewniający, że wszystkie ich działania są zgodne z szariatem . To, co dokładnie składa się na skuteczny system rządów szariatu , jest jednak przedmiotem debaty, a z doświadczenia różnych krajów i instytucji jasno wynika, że istnieją różne systemy. Takie pluralistyczne podejście ma swoje zalety, ponieważ środowiska prawne, w których działają islamskie instytucje finansowe, różnią się nie tylko statusem szariatu , ale także zależnie od tego, czy kraje stosują prawo powszechne, czy cywilne. Co więcej, oczekiwania klientów co do tego, co stanowi akceptowalny i skuteczny rząd szariatu , różnią się i, jak widać z tego badania, większość obecnie stosowanych systemów jest kierowana raczej przez rynek niż państwo. Rzeczywiście, w sferze finansów islamskich, rządy szariatu zostały w dużej mierze sprywatyzowane , a nie znacjonalizowane . Wiarygodność instytucji finansowych wobec ich klientów uwydatnił kryzys finansowy z 2008 r., kiedy niektóre konwencjonalne instytucje finansowe stanęły w obliczu paniki depozytów. Wiele konwencjonalnych instytucji finansowych stwierdziło, że straciły zaufanie innych banków, a zatem nie mogły już polegać na rynku międzybankowym w zakresie finansowania. Samo posiadanie zarządu szariatu nie zapewnia oczywiście odporności na kryzysy płynności ani nie przezwycięża trudności związanych z zapaścią kredytową, ale można było zauważyć, że w wielu jurysdykcjach banki islamskie radziły sobie lepiej niż ich tradycyjne odpowiedniki.

Wynikało to z dwóch czynników, które były pozytywnie powiązane z rządami szariatu . Po pierwsze, banki islamskie muszą polegać na deponentach, a nie na pożyczkach międzybankowych, co uodporniło je na kryzys kredytowy. Jednak ich zdolność do dalszego wykorzystywania tych funduszy zależy od postrzegania przez deponentów integralności szariatu . Po drugie, banki islamskie nie mogły posiadać aktywów, które ostatecznie okazałyby się toksyczne – na przykład swapy na kredytowe instrumenty pochodne lub zabezpieczone zobowiązania dłużne – ponieważ takie aktywa nie są zgodne z szariatem , a ich nabycie nie zostałoby zatwierdzone przez żaden zarząd szariatu .

Innymi słowy, chociaż zarządzanie ryzykiem kredytowym, płynnościowym, operacyjnym i innymi jest obowiązkiem zarządu islamskiego banku, a nie zarządu szariatu , dobre rządy szariatu zapobiegają samookaleczeniu się instytucjom finansowym. W istocie ten kryzys finansowy, podobnie jak inne przed nim, był spowodowany ludzką chciwością i niekontrolowanymi ekscesami. Takie zachowanie nie ma miejsca w islamskich finansach i jest to skuteczny rząd szariatu , który promuje umiar i sprawiedliwość w transakcjach finansowych.

Problem agencji powstaje z powodu relacji pomiędzy właścicielami a zarządem. Skandal w zakresie ładu korporacyjnego sprawił, że badacze definiują ład korporacyjny w oparciu o perspektywę rozwiązywania problemów lub perspektywę spraw korporacyjnych. Ponadto większość definicji mówi, że mechanizm zarządzania wewnętrznego obejmuje zarząd i strukturę własności, podczas gdy zewnętrzny obejmuje przejęcie rynku i systemu prawnego. Rządy 30 krajów OECD zatwierdziły zmienioną wersję Zasad nadzoru korporacyjnego OECD, dodając nowe zalecenia dotyczące dobrych praktyk w zakresie zachowań korporacyjnych w celu odbudowania i utrzymania zaufania publicznego do spółek i rynków akcji. Zmienione Zasady odpowiadają na szereg kwestii, które w ostatnich latach podważyły zaufanie inwestorów do zarządzania spółką. Wzywają rządy do zapewnienia naprawdę skutecznych ram regulacyjnych, a same firmy do rzeczywistej odpowiedzialności. Opowiadają się za zwiększoną świadomością wśród inwestorów instytucjonalnych i skuteczną rolą akcjonariuszy w wynagrodzeniach dla kadry kierowniczej. Wzywają również do zwiększenia przejrzystości i ujawniania informacji w celu przeciwdziałania konfliktom interesów.

Ład korporacyjny ma na celu dostarczenie instytucjom zbioru reguł i zasad w celu zapewnienia, że dobre praktyki kierują ogólnym zarządzaniem instytucją. Obecnie oznacza to cały proces zarządzania spółką i strukturę motywacyjną w celu rozwiązania kwestii zleceniodawcy-przedstawiciela i zapewnienia, że kierownictwo wykonawcze służy długofalowemu interesowi akcjonariuszy i trwałej wartości firmy zgodnie z prawem i etyka kraju. Wszystkie złożone czynniki, które są zaangażowane w równoważenie władzy między dyrektorem generalnym (CEO), zarządem i akcjonariuszami, są obecnie uważane za część ram ładu korporacyjnego, w tym audyty, bilanse i ujawnianie informacji pozabilansowych i przejrzystość.

W związku z tym ład korporacyjny odnosi się do metody, za pomocą której korporacja jest kierowana, administrowana i kontrolowana. Obejmuje prawa i zwyczaje wpływające na ten kierunek, a także cele, dla których jest zarządzany. Mechanizmy ładu korporacyjnego, zachęty i kontrole mają na celu zmniejszenie nieefektywności wynikającej z pokusy nadużycia i negatywnej selekcji. Ład korporacyjny jest również postrzegany jako proces monitorowania wyników poprzez stosowanie odpowiednich środków zaradczych oraz radzenie sobie z przejrzystością, uczciwością i odpowiedzialnością. Organizuje sposób odpowiedzialności korporacji przed akcjonariuszami i społeczeństwem, a także monitorowanie kierownictwa wykonawczego organizacji w prowadzeniu ich działalności.

Zasady OECD dotyczące ładu korporacyjnego, opublikowane po raz pierwszy w 1999 r., zostały powszechnie przyjęte jako punkt odniesienia zarówno w krajach OECD, jak i poza nimi. Są one używane jako jeden z 12 kluczowych standardów przez Forum Stabilności Finansowej w celu zapewnienia międzynarodowej stabilności finansowej oraz przez Bank Światowy w jego pracach na rzecz poprawy ładu korporacyjnego na rynkach wschodzących.

W 2002 r. rządy OECD wezwały do przeglądu Zasad w celu uwzględnienia zmian w sektorze przedsiębiorstw. Zmieniony tekst jest wynikiem procesu konsultacji z udziałem przedstawicieli zarówno rządów OECD, jak i krajów spoza OECD, a także przedsiębiorstw i organizacji zawodowych, związków zawodowych, organizacji społeczeństwa obywatelskiego i międzynarodowych organów ustanawiających normy. OECD rozpoczęła przegląd zasad w 2003 r., biorąc pod uwagę ostatnie zmiany i wydarzenia, a po obszernym przeglądzie proces doprowadził do przyjęcia zrewidowanych i zrewidowanych zasad OECD dotyczących ładu korporacyjnego w kwietniu 2004 r. Zasady przeglądu nie tylko odzwierciedlają doświadczenia krajów OECD ale także wschodząca i rozwijająca się ekonomia. Zmienione zasady mają charakter niewiążący i to rządy i uczestnicy rynku muszą decydować o własnych ramach. Potwierdził również możliwość dostosowania zasad jako odniesienia w różnych kontekstach prawnych, ekonomicznych i kulturowych. „Nadzór korporacyjny to system, za pomocą którego korporacje biznesowe są kierowane i kontrolowane. Ład korporacyjny określa podział praw i obowiązków między różnych uczestników korporacji, takich jak zarząd, menedżerowie, akcjonariusze i inni interesariusze, a także określa zasady i procedury podejmowania decyzji w sprawach korporacyjnych. W ten sposób zapewnia również struktury, za pomocą których ustalane są cele firmy, a także sposoby ich osiągania i monitorowania wyników". Poniżej przedstawiono główne obszary zasad OECD i ich adnotacje:

Zasada 1: Zapewnienie podstaw skutecznych ram ładu korporacyjnego.

Adnotacja: Ramy ładu korporacyjnego powinny promować przejrzyste i efektywne rynki, być zgodne z rządami prawa i jasno określać podział obowiązków między różnymi organami nadzorczymi, regulacyjnymi i egzekucyjnymi.

Zasada 2: Prawo akcjonariuszy i kluczowe funkcje właścicielskie.

Adnotacja: Ramy zarządzania przedsiębiorstwem powinny chronić i ułatwiać wykonywanie praw akcjonariuszy.

Zasada 3: Równe traktowanie akcjonariuszy.

Uwaga: Ramy ładu korporacyjnego powinny zapewniać równe traktowanie wszystkich akcjonariuszy, w tym akcjonariuszy mniejszościowych i akcjonariuszy zagranicznych. Wszyscy akcjonariusze powinni mieć możliwość uzyskania skutecznego zadośćuczynienia za naruszenie ich praw.

Zasada 4: Rola interesariuszy w nadzorze korporacyjnym.

Adnotacja: Ramy zarządzania przedsiębiorstwem powinny uznawać prawa interesariuszy ustanowione przez prawo na podstawie wzajemnych porozumień i zachęcać do aktywnej współpracy między korporacjami i interesariuszami w tworzeniu bogactwa, miejsc pracy i trwałości finansowo zdrowych przedsiębiorstw.

Zasada 5: Ujawnianie i przejrzystość.

Adnotacja: Ramy ładu korporacyjnego powinny zapewniać terminowe i dokładne ujawnianie wszystkich istotnych kwestii dotyczących korporacji, w tym sytuacji finansowej, wyników, własności i zarządzania spółką.

Zasada 6: Obowiązki zarządu.

Adnotacja: Ramy ładu korporacyjnego powinny zapewniać strategiczne wytyczne spółki, skuteczne monitorowanie zarządzania przez zarząd oraz odpowiedzialność zarządu wobec spółki i akcjonariuszy.

Głównym tematem powyższej zasady są cztery podstawowe zasady. Po pierwsze mechanizm etyki biznesu, po drugie mechanizm podejmowania decyzji, po trzecie w odpowiedniej jawności i przejrzystości, a na końcu mechanizm księgowości i rozliczeń końcowych. Te zasady OECD są tak solidne, że wdrażają je i przyjmują nawet kraje niebędące członkami OECD.

Słuszność tych zasad została udowodniona przez ich przyjęcie na całym świecie, w następnej części omówimy islamski pogląd na rząd korporacyjny z perspektywy islamu.

Badacze zdefiniowali ład korporacyjny na różne sposoby, a najpowszechniej cytowane definicje znajdują się poniżej. OECD definiuje CG jako „zestaw relacji pomiędzy kierownictwem firmy, jej zarządem, jej udziałowcami i innymi interesariuszami. Corporate Governance zapewnia również strukturę, za pomocą której wyznaczane są cele firmy, a także określane są sposoby ich osiągania i monitorowania wyników".

Ta definicja zapewnia ważne atrybuty CG i podkreśla przejrzystość. Nie zajmuje się jednak bezpośrednio wewnętrzną kwestią celów biznesowych, które powinny kierować dystrybucją praw i obowiązków w korporacji. Rzeczywiście, można oczekiwać, że cele założycieli korporacji, niezależnie od tego, czy będą to wzrost wartości akcjonariuszy, czy dążenie do interesu interesariuszy, wpłyną na taką dystrybucję i ukształtują strukturę i systemy instytucjonalne. W szczególności podział praw i obowiązków między akcjonariuszy i innych interesariuszy byłby kierowany interesami tego, kto zakłada spółkę, a następnie ją kontroluje.

Zmienione Zasady podkreślają znaczenie ram regulacyjnych w zakresie ładu korporacyjnego, które promują efektywne rynki, ułatwiają skuteczne egzekwowanie i jasno określają obowiązki między różnymi organami nadzorczymi, regulacyjnymi i wykonawczymi. Podkreślają również potrzebę zapewnienia przejrzystych linii odpowiedzialności kierowniczej w spółkach, tak aby rady i zarządy były naprawdę odpowiedzialne. Inne kwestie poruszane w zmienionych zasadach obejmują:

Inwestorzy instytucjonalni

• Powinni ujawnić swoją politykę ładu korporacyjnego, sposób, w jaki decydują o korzystaniu ze swoich praw głosu i jak zarządzają konfliktami interesów, które mogą zagrozić ich głosowaniu;

• Ograniczenia dotyczące konsultacji między akcjonariuszami na temat ich zamiarów głosowania powinny zostać złagodzone, aby zmniejszyć koszty świadomego posiadania.

Prawa akcjonariuszy

• Należy wzmocnić prawa inwestorów. Akcjonariusze powinni mieć możliwość usuwania członków zarządu i skutecznego uczestnictwa w procesach nominacji i wyborów;

• Powinni mieć możliwość wyrażania swoich poglądów na temat polityki wynagrodzeń kadry kierowniczej i zarządu, a każdy element kapitałowy powinien podlegać ich zatwierdzeniu.

Konflikty interesów i odpowiedzialność audytora

• Nowa zasada wzywa agencje ratingowe i analityków do unikania konfliktów interesów, które mogłyby zagrozić ich radom;

• Obowiązki audytora muszą zostać wzmocnione i obejmować odpowiedzialność wobec akcjonariuszy oraz obowiązek zachowania przez spółkę należytej staranności zawodowej podczas przeprowadzania audytu;

• Audytorzy powinni być całkowicie niezależni i nie mogą narażać ich na szwank inne relacje ze spółką.

Prawa interesariuszy i ochrona sygnalistów

• Zasady odwołują się do praw interesariuszy, ustanowionych przez prawo lub w drodze wzajemnych porozumień.

• Nowa zasada opowiada się za ochroną sygnalistów, w tym instytucji, za pośrednictwem których można kierować ich skargi lub zarzuty, i zapewnia poufny dostęp do członka zarządu.

Obowiązki zarządu

• Obowiązki i odpowiedzialność zarządu zostały sprecyzowane jako powiernicze, co jest szczególnie ważne w przypadku grup spółek;

• Zasada dotycząca niezależności i obiektywizmu rady została rozszerzona w celu uniknięcia konfliktu interesów oraz objęcia sytuacji charakteryzujących się udziałowcami blokowymi i kontrolnymi, a także odpowiedzialnością rady za nadzór nad systemami kontroli wewnętrznej obejmującymi sprawozdawczość finansową.

Pojęcie ładu korporacyjnego z perspektywy islamu nie różni się zbytnio od konwencjonalnej definicji, ponieważ odnosi się do systemu, w którym firmy są kierowane i kontrolowane w celu spełnienia celów korporacji poprzez ochronę interesów i praw wszystkich interesariuszy. Wyjątkowo, w kontekście ładu korporacyjnego w ramach paradygmatu islamskiego, prezentuje odmienne cechy i cechy w porównaniu z systemem konwencjonalnym, gdyż odnosi się jako szczególny przypadek szerszej teorii podejmowania decyzji, wykorzystującej założenie islamskiej epistemologii społeczno-naukowej, która jest oparty na boskiej jedności Boga. Definicja ładu korporacyjnego opracowana przez komisję finansów w Malezji w raporcie na temat ładu korporacyjnego stwierdzała, że:

Ład korporacyjny to proces i struktura wykorzystywana do kierowania i zarządzania działalnością i sprawami spółki w celu zwiększenia dobrobytu biznesowego i odpowiedzialności korporacyjnej, której ostatecznym celem jest realizacja długoterminowej wartości dla akcjonariuszy, przy jednoczesnym uwzględnieniu interesów innych interesariuszy.

Wskazuje to, że ład korporacyjny dotyczy nie tylko akcjonariuszy, ale także pozostałych interesariuszy.

Ład korporacyjny w islamskich finansach wymaga od islamskich instytucji finansowych przestrzegania zbioru zasad zwanego prawem islamskim lub szariatem . Szariat reguluje operacje i transakcje banku zgodnie z islamskimi zasadami wywodzącymi się z Koranu i hadisów.

1. Szariat w finansach islamskich

Islamskie instytucje finansowe mają obowiązek zapewnienia zgodności z zasadami szariatu we wszystkich aspektach swoich produktów, instrumentów, operacji, praktyk i zarządzania, co zostanie osiągnięte poprzez ustanowienie właściwych ram zarządzania szariatem . Tak więc nadzór szariatu odgrywa zasadniczą rolę w zarządzaniu islamską instytucją finansową i stanowi część głównego elementu ram ładu szariatu . Jedną z ról rady nadzorczej szariatu jest doradzanie islamskim instrukcjom finansowym w sprawach szariatu w celu zapewnienia zgodności z regułą szariatu w jej działalności przez cały czas, zatwierdzanie i zatwierdzanie odpowiedniej dokumentacji dotyczącej produktów i usług islamskie instytucje finansowe. Idealna rola nadzoru szariatu obejmuje aspekty zarządzania szariatem ex ante i ex post, w tym ogłaszanie szariatu , nadzór i przegląd. W tym aspekcie ramy zarządzania szariatem w Malezji opierają się na modelu scentralizowanym w porównaniu do modelu zdecentralizowanego praktykowanego w krajach GCC. Model scentralizowany opiera się na tym, że sam Bank Centralny ma własną radę nadzorczą szariatu, zwaną Radą Doradczą Szariatu na mocy sekcji 51 Ustawy o Banku Centralnym Malezji z 2009 r., a wszystkie islamskie instytucje finansowe są zobowiązane do utworzenia własny komitet szariatu , który musi przestrzegać zasad ustalonych przez Radę Doradczą Szariatu Banku Centralnego . Znaczenie nadzoru szariatu wywodzi się z pięciu różnych źródeł, a mianowicie religijnych, społecznych, ekonomicznych, prawnych i zarządzania. Pozycja religijna wywodzi się ze zdolności uczonych szariatu do rozumienia i interpretowania zasad szariatu innym. Społeczna władza nadzoru szariatu zapewnia udziałowcom zaufanie co do legalności transakcji i działań islamskich instytucji finansowych. Ekonomiczną siłę nadzoru szariatu można dostrzec z faktu, że rentowność islamskiej instytucji finansowej zależy od wyników uczonych szariatu . Jeśli chodzi o moc prawną, pochodzi ona z różnych źródeł, w tym z regulatorów poszczególnych krajów. Hierarchiczna pozycja nadzoru szariatu pod akcjonariuszami islamskich instytucji finansowych podkreśla jego wyższość nad innymi organami zarządzającymi, dając im tym samym uprawnienia do określania ich polityki wewnętrznej, w tym zadań, odpowiedzialności i relacji z innymi organami zarządzającymi w islamskich instytucjach finansowych.

Zarządzanie szariatem , które odnosi się do wszystkich elementów dotyczących aktywnej roli zarządu szariatu i przestrzegania szariatu , ma fundamentalne znaczenie w szczególności dla banków islamskich, a wdrażanie ładu szariatu jest wspierane przez międzynarodowe instytucje regulujące, takie jak Organizacja Rachunkowości i Audytu dla Islamskich Instytucji Finansowych (AAOIFI) oraz Islamska Rada Usług Finansowych , monitorowanie zarządu szariatu.

SSB odgrywa bardzo ważną rolę w zapewnieniu dobrego zarządzania szariatem . Rolą SSB jest uwzględnienie rady dyrektorów w sprawach szariatu w celu zapewnienia, że operacje są zawsze zgodne z zasadami szariatu , zatwierdzanie i zatwierdzanie odpowiedniej dokumentacji odnoszącej się do produktów i usług, a także polityki wewnętrznej oraz instrukcje i reklamy marketingowe.

Dynamiczne i dobre rządy szariatu są istotą rozwoju islamskiego sektora bankowego i finansowego w Malezji. Dobre rządy szariatu gwarantują dynamikę islamskiego wzrostu finansowego.

Interes interesariuszy może wykraczać poza interes finansowy do wartości etycznych, religijnych lub innych, gdy wymaga się dobrego ładu korporacyjnego. W bankach islamskich udziałowcy i uczeni islamscy wymagają, aby oferowane usługi były zgodne z prawem szariatu , w przeciwnym razie będą podlegać procesowi bez zezwolenia. Dlatego ład korporacyjny poprzez działanie szariatu jest niezbędny.

Każdy islamski bank lub instytucja finansowa ma wewnętrznych doradców religijnych, zwanych łącznie SSB, w ramach wewnętrznej struktury zarządzania instytucji, w niektórych krajach władze stworzyły układy nadzorcze, takie jak rada szariatu w departamentach bankowości islamskiej w agencje nadzorcze. Zazwyczaj działają one w połączeniu z prywatnymi niezależnymi agentami rynkowymi zaznajomionymi z Islamskimi Finansami.

Prerogatywy SSB leżą w pięciu głównych obszarach: certyfikacja dopuszczalnych instrumentów finansowych poprzez fatwy (ex ante audyt szariatu), weryfikacja zgodności transakcji z wydaną fatwą (audyt ex post szariatu), obliczanie i wypłata zakatu, dysponowanie zarobkami niezgodnymi z szariatem, doradzanie w sprawie podziału dochodów lub wydatków pomiędzy akcjonariuszy banku oraz posiadacze rachunków inwestycyjnych. Każdy SBB wydaje raport poświadczający przestrzeganie szariatu wszystkich transakcji finansowych. Oprócz SSB, większość islamskich instytucji finansowych ustanowiła inną wewnętrzną strukturę przeglądu szariatu , a mianowicie jednostki przeglądu szariatu . Jednostki te są niezależne od innych działów lub stanowią integralną część działu audytu i kontroli wewnętrznej.

W ostatnich latach Islamska Rada Usług Finansowych (IFSB) opracowała trzy zasady przewodnie, aby pomóc wzmocnić struktury i procesy zarządzania w różnych segmentach islamskiego sektora usług finansowych (IFSI) zgodnie z jej mandatem do promowania solidności i stabilności islamskiego sektora finansowego. Zwrócono uwagę, że we wszystkich trzech projektach powracającym tematem były obawy dotyczące ról i funkcji rad szariatu , które stanowią część szerszego systemu zarządzania. Jest to kluczowe, biorąc pod uwagę, że przestrzeganie reguł i zasad szariatu jest racją bytu IFSI . W rzeczywistości inne standardy IFSB – takie jak dotyczące zarządzania ryzykiem, adekwatności kapitałowej i procesu przeglądu nadzorczego – również zawierają wymagania i zalecenia mające na celu zapewnienie odpowiedniego systemu zarządzania szariatem .

W związku z tym Rada IFSB, podczas swojego dziewiątego spotkania w Dżuddzie, zatwierdziła przygotowanie zestawu Zasad Przewodnich dotyczących systemu zarządzania szariatem , który ma:

(a) uzupełnić inne standardy ostrożnościowe wydane przez IFSB poprzez bardziej szczegółowe podkreślenie, w szczególności organom nadzorczym i ogólnie innym zainteresowanym stronom z branży, elementów solidnego systemu zarządzania szariatem , zwłaszcza w odniesieniu do kompetencji, niezależności , poufność i spójność zarządów szariatu ;

(b) ułatwiać lepsze zrozumienie kwestii zarządzania szariatem oraz sposobu, w jaki zainteresowane strony powinny upewnić się, że istnieje odpowiedni i skuteczny system rządzenia szariatem ;

(c) zapewniają zwiększony stopień przejrzystości w zakresie emisji oraz procesu audytu/przeglądu pod kątem zgodności z orzeczeniami szariatu ; oraz

d) zapewnić większą harmonizację struktur i procedur zarządzania szariatem w różnych jurysdykcjach, zwłaszcza że rośnie liczba IIFS z operacjami transgranicznymi.

Termin „ system zarządzania szariatem", mimo że jest powszechnie używany w IFSI w odniesieniu do struktur i procesów przyjętych przez interesariuszy IFSI (od organów nadzoru finansowego po uczestników rynku) w celu zapewnienia zgodności z regułami i zasadami szariatu, nie zostały właściwie zdefiniowane w którymkolwiek z istniejących standardów. W celu zachowania przejrzystości w niniejszym dokumencie należy przyjąć następującą definicję „ szariatu systemu zarządzania" oraz inną kluczową terminologię:

„ Shari'ah Governance System" odnosi się do zestawu rozwiązań instytucjonalnych i organizacyjnych, dzięki którym IIFS zapewnia skuteczny niezależny nadzór nad przestrzeganiem szariatu nad każdą z następujących struktur i procesów: (Hasan, 2009, 2010, 2011)

(a) Wydanie odpowiednich oświadczeń /rezolucji szariatu „ Orzeczenia /rezolucje szariatu " odnoszą się do opinii prawnej w każdej sprawie dotyczącej kwestii szariatu w Islamskim Finansach, wydanej przez odpowiednio upoważnioną radę szariatu . W jurysdykcjach, w których istnieje organ centralny, taki jak krajowa rada szariatu lub rada fatwy, ten organ centralny ma uprawnienia do wydawania takich oświadczeń/rezolucji, w wyniku czego rada szariatu w IIFS zwykle koncentruje się tylko na zapewnieniu, że IIFS jest zgodny z orzeczeniami/uchwałami wydanymi przez organ centralny. Po podjęciu decyzji, że orzeczenie/rezolucja szariatu powinna zostać faktycznie wdrożona, staje się ona „ orzeczeniem szariatu " (hukm al -Shar'i) z pełną mocą prawną, która wiąże orzeczenie/rezolucję IIFS. są wydawane wyłącznie w drodze odpowiednich, należytych procesów, które, między innymi, powinny obejmować rygorystyczne rozważania członków zarządu szariatu nad wszelkimi proponowanymi produktami zgodnymi z szariatem lub transakcjami, które wymagają zatwierdzenia szariatu , a także szczegółowej kontroli umów prawnych i innych dokumentów dotyczących produktów lub transakcji.

(b) Rozpowszechnianie informacji o takich orzeczeniach /rezolucjach szariatu do personelu operacyjnego IIFS, który monitoruje na co dzień zgodność z orzeczeniami /rezolucjami szariatu w odniesieniu do każdego poziomu operacji i każdej transakcji Takie zadanie byłoby normalnie wykonywane przez wyznaczoną „wewnętrzną jednostkę/departament zgodności szariatu (ISCU)" lub przynajmniej urzędnika ds. zgodności szariatu , który jest częścią zespołu ds. zgodności IIFS. IIFS wyposaży ISCU w odpowiednie umiejętności monitorowania zgodności i odpowiednią wiedzę na temat szariatu – na przykład poprzez zgromadzenie zespołu pracowników o dwóch różnych zestawach umiejętności. IIFS powinien również zapewnić, że ISCU jest oddzielony i niezależny od jednostek biznesowych i departamentów.

(c) Wewnętrzny przegląd/ audyt zgodności z szariatem w celu sprawdzenia, czy przestrzeganie szariatu zostało spełnione, podczas którego wszelkie przypadki niezgodności będą rejestrowane i zgłaszane oraz, w miarę możliwości, adresowane i korygowane zestawy IFSB-3 że oświadczenia /rezolucje szariatu wydawane przez rady szariatu powinny być ściśle przestrzegane. Wewnętrzny przegląd szariatu byłby zatem przydzielony komuś odpowiednio przeszkolonemu w przeglądzie/ audycie zgodności szariatu, tak aby osoba ta miała kompetentne zrozumienie procesu.

Podczas gdy ISCU jest częścią zespołu ds. zgodności IIFS , wewnętrzna jednostka/departament ds. przeglądu/audytu szariatu (ISRU) może zostać powołana do działania w sposób podobny do zespołu audytu wewnętrznego IIFS. Główna różnica polega na tym, że podczas gdy audytor wewnętrzny zwykle składa sprawozdania przed Komitetem Audytu, ISRU podlega zarządowi szariatu .

Tam, gdzie jest to właściwe, wewnętrzne raporty z przeglądu/audytu szariatu będą wymagać lub zalecić kierownictwu IIFS zajęcie się i naprawienie wszelkich problemów związanych z przestrzeganiem szariatu .

(d) Coroczny przegląd/audyt przestrzegania szariatu w celu sprawdzenia, czy wewnętrzny przegląd/audyt przestrzegania szariatu został odpowiednio przeprowadzony, a jego ustalenia zostały należycie odnotowane przez zarząd szariatu Zarząd szariatu , który wydał Orzeczenia / rezolucje szariatu mogą przejąć kontrolę nad tym procesem, po otrzymaniu informacji zwrotnych i raportów od ISRU. Alternatywnie, to zadanie może zostać przydzielone odpowiednio kompetentnemu audytorowi zewnętrznemu lub zewnętrznej firmie szariatu .

Rada szariatu lub firma doradcza szariatu , która przeprowadza przegląd/ audyt zgodności szariatu, sporządzi raporty wskazujące, czy IIFS przestrzegał wymogów szariatu przez cały rok obrotowy.

Tam, gdzie jest to właściwe i jeśli uzna się to za konieczne, mogą powstać dwa zestawy raportów: ogólne oświadczenie o zgodności, które powinno być zawarte w rocznym raporcie IIFS; oraz bardziej szczegółowy opis przeprowadzonych prac w zakresie zgodności, skierowanych konkretnie do:

organy nadzorcze.

2. Model szariatu z perspektywy regulacyjnej

IFSB dotyczących systemu zarządzania szariatem w instytucjach oferujących islamskie usługi finansowe (IFSB-10) odnosi się do zestawu rozwiązań instytucjonalnych i organizacyjnych mających na celu nadzorowanie aspektów przestrzegania szariatu w islamskich instytucjach finansowych (IFI) .

W związku z tym większość międzynarodowych instytucji finansowych ustanowiła własne rady szariatu , a niektóre z nich utworzyły nawet dedykowaną wewnętrzną jednostkę lub dział oceny szariatu, aby wspierać radę szariatu w wykonywaniu jej funkcji. Wskazuje to na pozytywny rozwój aspektu systemu zarządzania szariatem w międzynarodowych instytucjach finansowych. Patrząc na różne ramy i styl ładu szariatu w różnych środowiskach prawnych i różnych modelach bankowych.

przywilej, który uniemożliwia im podjęcie działań prawnych przez islamską instytucję finansową, jeśli można udowodnić, że takie obowiązki były wykonywane w dobrej wierze.

Ład korporacyjny zyskał wielkie znaczenie w ciągu ostatnich trzech dekad nawet w konwencjonalnym systemie finansowym z powodu ciągłej niestabilności finansowej. Miałoby to jeszcze większe znaczenie w systemie islamskim ze względu na dodatkowe ryzyko, na które narażeni byliby deponenci, gdy banki naprawdę zaczną przechodzić na tryby podziału ryzyka. Stanowi to ważne wyzwanie dla banków islamskich, aby poprawić wszystkie kluczowe aspekty ładu korporacyjnego. Wyzwanie stanie się coraz poważniejsze w miarę rozwoju tych instytucji, a ich problemy stają się coraz bardziej złożone. Wyzwaniu temu można by sprostać, gdyby Rada Dyrektorów i kierownictwo wyższego szczebla stały się bardziej efektywne w wykonywaniu swoich obowiązków.

Efektywny ład korporacyjny w bankach i firmach korzystających z funduszy bankowych jest jednym z najważniejszych filarów nowego otoczenia, które należy stworzyć, aby zastąpić stare środowisko społeczno-gospodarcze, które już nie istnieje. Niestety, ład korporacyjny jest ogólnie uważany za słaby w korporacjach większości krajów rozwijających się. Dzieje się tak, ponieważ wszystkie instytucje, które odgrywają kluczową rolę w dyscyplinowaniu rynków oraz zapewnianiu wydajności i uczciwości, nie są w tych krajach dobrze rozwinięte. Asymetrie informacyjne są bardziej dotkliwe, uczestnicy rynku mniej doświadczeni, a regulacje, nawet jeśli istnieją, nie są egzekwowane skutecznie i bezstronnie z powodu korupcji politycznej i ogólnej słabości systemów sądowniczych. Ujawnienia również nie są odpowiednie, a praktyki księgowe nie są dobrze rozwinięte. W konsekwencji korporacje te cierpią z powodu nieefektywności i nierówności, które negatywnie wpływają na wszystkich interesariuszy. Negatywne skutki nieefektywnego ładu korporacyjnego mogą być poważniejsze w przypadku instytucji finansowych, ponieważ liczba ich interesariuszy jest znacznie większa, a ryzyko systemowe znacznie większe. Nie ma powodu, by zakładać, że chociaż islamskie instytucje finansowe radziły sobie do tej pory całkiem nieźle, z konieczności uniknęły pułapek słabego ładu korporacyjnego panującego w krajach rozwijających się. Powinna istnieć możliwość znacznej poprawy ich wyników i znacznie lepszego służenia interesom wszystkich interesariuszy poprzez zwiększenie efektywności ładu korporacyjnego w tych instytucjach. Dlatego silne uzasadnienie dla większego polegania na sprawiedliwości w islamskiej gospodarce potęguje potrzebę przyjęcia wszystkich tych środków, które nie tylko pomogłyby poprawić funkcjonowanie systemu finansowego, ale także zabezpieczyłyby interesy wszystkich interesariuszy.

Bez skutecznego ładu korporacyjnego może nie być możliwe wzmocnienie banków islamskich i umożliwienie im szybkiego rozwoju i skutecznego wykonywania swojej roli. Potrzeba ta będzie stawała się coraz bardziej poważna, w miarę jak instytucje się rozrastają, a ich problemy stają się coraz bardziej złożone – problemy, które w dłuższej perspektywie osłabią ich zdolność do skutecznego sprostania wyzwaniom, przed którymi stoją. Nie da się zatem uniknąć podjęcia wszystkich tych działań, które pomogłyby usprawnić funkcjonowanie tych instytucji.

W tym celu ważne jest wyostrzenie narzędzi ładu korporacyjnego, z których najważniejsze to: kontrole wewnętrzne, zarządzanie ryzykiem, przejrzystość, księgowanie i ujawnianie kredytów, rozliczanie i audyt szariatu , audyt zewnętrzny oraz regulacja i nadzór ostrożnościowy . Całkowite poleganie na nich nie byłoby jednak wystarczające. Niezbędne jest moralne zaangażowanie wszystkich podmiotów rynkowych. Bez takiego zobowiązania operatorzy rynku znajdą różne sposoby łamania prawa bez wykrycia i ukarania. Stworzy to potrzebę coraz większej liczby kontroli i kontroli prawnych, co podniesie koszty transakcji do nieznośnie wysokiego poziomu. Bardzo pomocne powinno być również uczynienie ich prawdziwymi odpowiedzialnymi przed akcjonariuszami i deponentami poprzez przyjęcie środków omówionych w niniejszym dokumencie. Potrzebne jest również utworzenie szeregu wspólnych instytucji, jak omówiono powyżej. Bez takich instytucji nawet banki z najlepszym ładem korporacyjnym mogą nie być w stanie uniknąć kryzysów.

Jednak ład korporacyjny jest ogólnie słaby we wszystkich krajach, a szczególnie w krajach rozwijających się, do których należą obecnie prawie wszystkie kraje muzułmańskie. Dzieje się tak, ponieważ wszystkie instytucje, które odgrywają kluczową rolę w dyscyplinowaniu rynków oraz zapewnianiu wydajności i uczciwości, nie są w tych krajach dobrze rozwinięte. Asymetrie informacyjne są bardziej dotkliwe, uczestnicy rynku mniej doświadczeni, a regulacje, nawet jeśli istnieją, nie zawsze są egzekwowane skutecznie i bezstronnie z powodu korupcji politycznej i ogólnej słabości systemów sądowniczych. Ujawnienia również nie są odpowiednie, a praktyki księgowe nie są dobrze rozwinięte. Negatywne skutki nieefektywnego ładu korporacyjnego mogą być poważniejsze w przypadku instytucji finansowych, ponieważ ich dźwignia finansowa jest znacznie wyższa, liczba ich interesariuszy jest większa, a ryzyko systemowe ich niepowodzenia jest znacznie poważniejsze. Nie ma powodu, by zakładać, że chociaż islamskie instytucje finansowe radziły sobie do tej pory całkiem nieźle, z konieczności uniknęły pułapek słabego ładu korporacyjnego panującego w krajach rozwijających się. Nie da się zatem uniknąć podjęcia wszystkich tych działań, które pomogłyby usprawnić funkcjonowanie tych instytucji. Kluczowe znaczenie w tym zakresie ma rola Rady Dyrektorów i Wyższego Kierownictwa. Z satysfakcją zauważam, że prawie wszystkie kraje muzułmańskie są obecnie w trakcie wdrażania wytycznych BCBS.

A. Rada Dyrektorów

Rada Dyrektorów nie może jednak skutecznie pełnić tej roli, jeśli jej członkowie nie mają wysokiego stopnia uczciwości moralnej oraz kompetencji zawodowych w działalności bankowej. Muszą być odpowiednio świadomi zagrożeń i złożoności związanych z działalnością bankową. W systemie islamskim muszą mieć dodatkową kwalifikację, aby dobrze znać szariat i jego cele, aw szczególności uzasadnienie zakazu odsetek. Powinny one zapewnić odpowiednią przejrzystość zgodnie ze standardami ustanowionymi przez BCBS, IFSB i organ nadzorczy swojego kraju poprzez sprawny przepływ odpowiednich informacji do dyrektorów, kadry kierowniczej wyższego szczebla, audytorów, nadzorców, akcjonariuszy, deponentów i opinii publicznej zgodnie do potrzeb każdego w celu zapewnienia właściwej kontroli spraw banku. Muszą ustanowić silny system kontroli wewnętrznej, odpowiednie procedury księgowe, skuteczny audyt wewnętrzny i zewnętrzny, efektywne zarządzanie ryzykiem oraz wszystkie niezbędne kontrole i salda, zasady, przepisy i procedury.

Doświadczenie pokazuje, że reżyserzy niekoniecznie skutecznie wykonują swoje role. Istnieje wiele przyczyn takiego stanu rzeczy. Jednym z nich jest to, że członkowie zarządu niekoniecznie muszą posiadać kompetencje zawodowe i uczciwość moralną, które są niezbędne do sprawnego zarządzania bankiem. Innym powodem jest to, że członkowie Rady nie zawsze są rzeczywiście wybierani przez akcjonariuszy i niekoniecznie ponoszą przed nimi odpowiedzialność. Wybory nie odbywają się regularnie w określonych odstępach czasu, a nawet jeśli tak się dzieje, dowody wskazują, że akcjonariusze nie są aktywnie zaangażowani w wybór lub odwołanie dyrektorów. Umożliwia to członkom zarządu trwanie i generalnie trudno jest ich usunąć, chyba że poprzez przejęcia. Są one jednak drogie i potencjalnie destrukcyjne, a zatem mogą nie być możliwym środkiem zaradczym, z wyjątkiem skrajnych przypadków. Aby naprawić tę sytuację, konieczna jest przejrzysta procedura wyborów i podjęcie środków, które umożliwią udziałowcom mniejszościowym i deponentom inwestycyjnym zabranie głosu w decyzjach Rady. Niezbędne jest również umożliwienie akcjonariuszom odwoływania członków zarządu w przypadku ich wyników znacznie odbiegających od oczekiwań. Dlatego konieczne jest wprowadzenie reform w procedurach wyborczych, a także w zasadach pełnomocnictw, aby umożliwić akcjonariuszom wybór kompetentnych i sumiennych osób do Rady Dyrektorów i zapobiec ich utrwalaniu się pomimo ich słabych wyników.

Niezbędny jest także rozwój infrastruktury prawno-regulacyjnej chroniącej prawa nie tylko akcjonariuszy mniejszościowych, ale także deponentów (obaj są outsiderami). W wielu krajach firmy mogą prosić zarejestrowanych akcjonariuszy, którzy nie mogą uczestniczyć w walnych zgromadzeniach, o przekazanie swoich głosów Radzie Dyrektorów. To dodatkowo wzmacnia ręce Zarządu i umożliwia mu kontrolowanie decyzji na zgromadzeniach akcjonariuszy. Ponieważ przeniesienie praw głosu często prowadzi do daleko idących konsekwencji, które nie zawsze mogą leżeć w interesie wszystkich zainteresowanych stron, pożądane byłoby przeniesienie praw głosu na stowarzyszenia akcjonariuszy, jeśli takie istnieją. Jeżeli takie stowarzyszenia nie istnieją, wówczas prawa głosu mogą zostać przekazane organom nadzorczym lub wyspecjalizowanym firmom czarterowym utworzonym w sektorze prywatnym w celu ochrony interesu interesariuszy przed opłatą, o której mowa w dalszej części. Być może wszystkie trzy z tych instytucji byłyby lepiej wykwalifikowane do ochrony interesów interesariuszy (Hasan, 2010).

Byłoby również pomocne, gdyby w Zarządzie była odpowiednia liczba dyrektorów niewykonawczych. Dowody empiryczne w systemie konwencjonalnym wskazują, że dyrektorzy niewykonawczy pozytywnie wpływają na zdolność Rady do oceny i dyscyplinowania menedżerów. Dzieje się tak być może dlatego, że tacy dyrektorzy nie ponoszą żadnej odpowiedzialności za zarządzanie, a zatem mogą nie mieć żywotnego interesu w ochronie kierownictwa. Można zatem oczekiwać, że będą przywiązywać większą wagę do interesów akcjonariuszy mniejszościowych i deponentów, a tym samym wspomagać zastrzyk kapitału w spółce. Jeśli nie spełnią tego oczekiwania, zaszkodzą własnej reputacji na rynku pracy dyrektorów . Usunięcie dyrektora generalnego (CEO) spowodowane słabymi wynikami jest bardziej prawdopodobne w zarządach zdominowanych przez osoby z zewnątrz niż w zarządach zdominowanych przez osoby z zewnątrz. Jednak i tutaj pojawiają się problemy. Jeżeli dyrektorzy niewykonawczy nie zostaliby wybrani przez akcjonariuszy, ale raczej starannie wybrani przez dominującego akcjonariusza lub dyrektora generalnego, zawdzięczaliby mu swoją karierę iw związku z tym „brakłoby informacji i zachęt wymaganych do zapewnienia spójnego i skutecznego ładu korporacyjnego". Zaistnieje zatem konflikt interesów, który spowoduje brak chęci z ich strony do dyscyplinowania wyższej kadry zarządzającej. Co więcej, posiedzenia zarządu mogą nie odbywać się często, a dyrektorzy niewykonawczy mogą nie być w stanie skutecznie monitorować działalności firmy i zapewniać korekty, szczególnie jeśli jawna krytyka polityki zarządzania na posiedzeniach zarządu zostanie uznana za niegrzeczną Ponieważ banki islamskie są generalnie małe w porównaniu z ich konwencjonalnymi odpowiednikami, nawet w krajach muzułmańskich, nie mówiąc już o reszcie świata, ilość posiadanego przez nich kapitału jest również bardzo mała. Umożliwia to koncentrację akcji w rękach kilku dyrektorów wykonawczych. Liczba dyrektorów niewykonawczych, którzy mogą służyć jako kontrola dyrektorów wykonawczych, jest również odpowiednio niewielka. Ponieważ niewielki rozmiar, a także koncentracja akcjonariatu mogą potencjalnie prowadzić do niepożądanych konsekwencji dla ochrony interesów wszystkich interesariuszy, pożądane jest zwiększenie wielkości banków i wprowadzenie reform prawnych w celu zmniejszenia koncentracji, dywersyfikacji ryzyka oraz zwiększenie zdolności tych banków do absorbowania strat.

Pożądane byłoby również wprowadzenie kilku innych reform, aby Rada Dyrektorów była bardziej skuteczna w swoich funkcjach. Jednym z nich, który należy poważnie rozważyć, jest powiązanie wynagrodzenia członków Zarządu z ich wydajnością w taki sam sposób, jak jest to wymagane w umowach mudaraba . Dyrektorzy działający w charakterze mudaribów (przedsiębiorców zarządzających) powinni otrzymywać rekompensatę tylko za rzeczywiste wydatki, a nie mieć prawo do stałej opłaty za zarządzanie lub wynagrodzenia, jak to ma miejsce w nowoczesnych korporacjach. Ich wynagrodzenie powinno stanowić określony procent zysku wypracowanego przez bank, jeśli bank osiąga zysk. Musi to być dodatek do ich normalnego udziału w zysku, podobnie jak inni akcjonariusze na podstawie ich udziałów. Procentowy udział w zyskach, który ma zostać przydzielony dyrektorom za usługi zarządzania, musi być jasno określony w Statucie Umowy, tak aby był dobrze znany akcjonariuszom. Jeśli korporacja osiąga zysk, dyrektorzy otrzymują określony procent zysku za swoje usługi. Ale jeśli korporacja poniesie stratę, dyrektorzy, jak mudarib , nie otrzymują „opłaty" za usługi zarządzania i powinni dzielić się stratami proporcjonalnie do posiadanych udziałów. Dyrektorzy otrzymaliby więc nagrodę za swoje usługi tylko wtedy, gdyby przyczynili się do zysków – im wyższy zysk, tym większa ich nagroda. Powinno to być dla nich zachętą do osiągania lepszych wyników.

B. Kierownictwo wyższego szczebla

Podczas gdy Rada Dyrektorów odnosi się do osób, które generalnie są nie tylko samymi akcjonariuszami, ale także uczestniczą w zarządzaniu bankiem, kierownictwo wyższego szczebla odnosi się do dyrektora generalnego i innych wyższych członków personelu, którzy pełnią funkcje kierownicze, ale niekoniecznie są akcjonariuszami. Współczesne korporacje na ogół nie są zarządzane przez ich właścicieli (akcjonariuszy). Zamiast tego do prowadzenia firmy zatrudniani są profesjonalni menedżerowie. Są „powiernikami".1 Stwarza to problem mocodawca/agent i prowadzi do konfliktu interesów. Dlatego konieczne jest nałożenie ograniczeń na samodzielność, oszustwa, nadmierne odszkodowania w różnych ukrytych formach i inne nadużycia.

Jednym z najważniejszych ograniczeń kierownictwa jest to, że kluczowe stanowiska nie powinny być zajmowane przez jedną osobę („zasada czterech oczu"). Ponieważ dyrektor generalny i prezes zarządu pełnią w banku dwie różne funkcje, preferowane byłoby posiadanie dwóch różnych osób na tych stanowiskach, tak aby na szczycie banku istniał jasny podział obowiązków zapewniający niezależność i równowagę moc i autorytet. Ani dyrektorzy, ani kadra kierownicza nie powinni mieć możliwości pozostania na stanowisku, jeśli nie są już kompetentni lub wykwalifikowani do prowadzenia banku. Jak argumentują Jensen i Ruback , biedni menedżerowie, którzy opierają się zastąpieniu, mogą być najbardziej kosztownym przejawem problemu agencji..

Obowiązkiem Zarządu i kierownictwa wyższego szczebla jest zapewnienie właściwych kontroli wewnętrznych oraz efektywne zarządzanie wszystkimi rodzajami ryzyka, w tym ryzykiem kredytowym, ryzykiem płynności, ryzykiem stopy procentowej i ryzykiem operacyjnym. Mimo że ekspozycja większości islamskich banków na to ryzyko wydaje się być stosunkowo wysoka, do tej pory były one w stanie dość dobrze nimi zarządzać. Niemniej jednak niekoniecznie musi to trwać w przyszłości. Dlatego niezwykle ważne jest pielęgnowanie kultury efektywnego zarządzania ryzykiem w tych bankach, aby zapewnić ich konkurencyjność i przetrwanie w świecie pełnym niepewności i kryzysów. Nie można tego jednak zrobić bez aktywnej współpracy Rady Dyrektorów, kierownictwa wyższego szczebla, uczonych szariatu i nadzorców bankowych.

C. Ramy regulacyjne i wewnętrzne

1. Podejście proaktywne i zintegrowane zarządzanie korporacyjne i szariat

W związku z licznymi wyzwaniami stojącymi przed Islamskimi Finansami, zaleca się, aby branża potrzebowała ram podejścia opartego na przepisach, jak wyjaśniono wcześniej. Jako warunek wstępny, rządzenie szariatem musi być częścią obaw organów regulacyjnych i decydentów. Organy regulacyjne powinny proaktywnie monitorować wdrażanie szariatu i czerpać z doświadczeń innych jurysdykcji w pielęgnowaniu ram szariatu . Zasada szariatu „jeden rozmiar dla wszystkich" nie jest właściwa , ponieważ rynek i lokalne otoczenie prawne są różne

z jednego miejsca na drugie. Projektując ramy ładu szariatu , konieczne jest posiadanie zintegrowanych ram ładu korporacyjnego i szariatu . Te dwie rzeczy nie mogą być rozdzielone, ponieważ wzajemnie się uzupełniają. W tym aspekcie zasady lub wytyczne dotyczące ładu korporacyjnego muszą uwzględniać element ładu szariatu , gdy dotyczy to instytucji oferujących islamskie usługi finansowe. Jest to ważne, ponieważ model zarządzania zorientowany na interesariuszy w MIF wymaga od nich ochrony praw i interesów wszystkich interesariuszy .

2. Nadzór i egzekwowanie

Organy regulacyjne powinny dysponować kompleksowymi ramami w zakresie nadzoru i egzekwowania, które obejmują pisemne wytyczne dotyczące nadzoru dla organów nadzoru, dyrektywy dla międzynarodowych instytucji finansowych wydane przez organy nadzoru, wystarczające zasoby z odpowiednią wiedzą na temat spraw związanych ze szariatem oraz pełne uprawnienia do wykonywania funkcje egzekucyjne. Organy nadzorcze powinny dostarczyć wytyczne i upewnić się, że oceniają wewnętrzne polityki i procedury oraz wdrażanie tych procedur. Ważne jest również, aby organy nadzoru konsekwentnie kontrolowały MIF poprzez posiadanie odpowiednich ram, które pozwalają im na ocenę polityk i narzędzi zarządzania szariatem MIF w celu usunięcia wszelkich niedociągnięć.

3. Rozstrzyganie sporów

Byłoby idealnym rozwiązaniem, gdyby regulatorzy zainicjowali specjalną ławę do spraw finansów islamskich w ramach struktury sądu. W tym specjalnym składzie sąd może wyznaczyć sędziów, którzy posiadają wiedzę w zakresie finansów islamskich lub organy regulacyjne mogą przeznaczyć pewną kwotę środków na szkolenie tych sędziów. Co więcej , musi istnieć również niezawodny system rozstrzygania sporów szariatu . Rozumie się, że w świeckim środowisku prawnym, takim jak w Wielkiej Brytanii, powyższe rozwiązanie jest nieco trudne do wdrożenia. Dlatego ważne jest, aby regulatorzy w świeckim środowisku prawnym rozważyli skierowanie sprawy przez sąd do rady szariatu lub eksperta szariatu w celu ustalenia spraw dotyczących kwestii szariatu . Alternatywnie, może zostać ustanowiony specjalny trybunał dla spraw dotyczących finansów islamskich do rozstrzygania sporów dotyczących międzynarodowych instytucji finansowych w tego rodzaju jurysdykcji.

Decydenci powinni również wziąć pod uwagę inne prawne możliwości rozstrzygania sporów, takie jak arbitraż i mediacja. W tej chwili istnieje kilka instytucji zajmujących się międzynarodowym rozstrzyganiem sporów, takich jak Dubai Centre for Arbitration and Conciliation, GCC Commercial Arbitration Centre, Bahrain Centre for International Commercial Arbitration Centre, Międzynarodowy Sąd Arbitrażowy Międzynarodowej Izby Handlowej, London Court of International Arbitration, Centrum Kuwejtu

Arbitraż handlowy, Centrum Arbitrażu w Kuala Lumpur i inne. Ze względu na te liczne centra arbitrażowe, zaleca się, aby istniała jedna konkretna instytucja oferująca alternatywne sposoby rozwiązywania sporów i ugody w sprawach dotyczących finansów islamskich. Alternatywnie, istniejące centra arbitrażowe powinny rozwijać i poszerzać swoją wiedzę i możliwości w zakresie finansów islamskich w zakresie zasobów, ram, procedur i obiektów. W tym momencie te instytucje arbitrażowe muszą przygotować się, aby zapewnić sobie niezbędne udogodnienia i zasoby w celu zaspokojenia potrzeby rozstrzygania sporów dotyczących spraw dotyczących finansów islamskich.

Aby zapewnić skuteczność arbitrażu, decyzja lub rozwiązanie arbitrażu powinny być wiążące i rozstrzygające. Prawnie wiążący skutek w arbitrażu ma kluczowe znaczenie dla zapewnienia wiarygodności i zaufania do wszelkich rozwiązań dokonanych w arbitrażu. Mimo to ważne jest również, aby regulatorzy zachęcali do arbitrażu jako alternatywnej drogi prawnej rozstrzygania sporów oraz do wydawania polityk i procedur, które wyraźnie uznają prawo islamskie jako główne źródło prawa jako podstawę podejmowania decyzji.

4. Dobrze przemyślane regulaminy i polityki wewnętrzne

Dobrze przemyślane regulaminy i polityka wewnętrzna są warunkiem wstępnym skutecznego rządzenia szariatem . Zdając sobie z tego sprawę, międzynarodowe instytucje finansowe powinny posiadać odpowiednie regulaminy i polityki jako wytyczne do ich wewnętrznego stosowania w zakresie procedur posiedzeń, podejmowania decyzji, przygotowywania raportów i rozpowszechniania informacji, zapisów i przeglądów. W tym momencie standardy zarządzania IFSB-10 i AAOIFI mogą stanowić podstawę takich regulaminów, z pewnymi modyfikacjami, które byłyby właściwe do wdrożenia w lokalnym rynku i otoczeniu regulacyjnym.

D. Atrybuty Zarządu Szariatu dotyczące Niepodległości

Oto atrybuty niezależności zarządu szariatu : (Hasan, 2009, 2010, 2011)

1. Sposób umawiania się

Istnieją znaczne różnice w sposobie powoływania rady szariatu między MIF. Stwierdzono również, że wiele MIF nie przestrzegało standardów zarządzania AOIFI, ponieważ ich nominacji dokonuje BOD, a nie akcjonariusze. W świetle aktualnej praktyki rynkowej oraz bardziej praktycznych narzędzi zapewniających niezależność, istnieją inne mechanizmy, które byłyby właściwe do osiągnięcia takiego celu. Po pierwsze, powołania musi dokonać Zarząd lub akcjonariusze. Po drugie, powołanie musi podlegać zatwierdzeniu przez organy regulacyjne. Po trzecie, mianowanie nie może być stałe, lecz umowne z możliwością przedłużenia. Po czwarte, wypowiedzenie i zwolnienie musi również podlegać zatwierdzeniu przez organy regulacyjne.

2. Kodeks postępowania

Większość międzynarodowych instytucji finansowych nie posiada kodeksu etyki dla zarządu szariatu . Istniejące praktyki wydają się zakładać, że członkowie zarządu szariatu są związani islamskimi zasadami etycznymi. W związku z potrzebą posiadania pewnego i precyzyjnego kodeksu etyki, specyficznego i wyłącznego dla rady szariatu , organy regulacyjne oraz międzynarodowe instytucje finansowe mogą nakazać członkom rady szariatu pewne akceptowalne zachowanie. Obowiązkiem międzynarodowych instytucji finansowych jest zainicjowanie i opracowanie wewnętrznego kodeksu postępowania dla zarządu szariatu . Ten kodeks etyczny powinien być możliwy do wyegzekwowania, aw strukturze organizacyjnej musi istnieć mechanizm zapewniający jego ścisłe wdrożenie. Naruszenie tego kodeksu etyki może skutkować działaniami dyscyplinarnymi, takimi jak zawieszenie, wypowiedzenie lub inne rodzaje sankcji.

3. Ciało zawodowe

Nie ma organizacji zawodowej specjalnie ustanowionej w celu ustanowienia standardowej praktyki dla zarządu szariatu , jak ma to miejsce w przypadku innych profesjonalistów, takich jak prawnicy, księgowi, lekarze i inżynierowie. Ustanowienie organu zawodowego w celu ustalenia kwalifikacji rady szariatu , wprowadzenia standardowego kodeksu postępowania, opracowania programu szkoleniowego i podniesienia profesjonalizmu rady szariatu jest obecnie uważane za konieczne. W tej chwili różne organy próbują zapewnić programy kwalifikacyjne dla zarządów szariatu , takie jak Certyfikowany Doradca i Audytor Szariatu AAOIFI , Program Rozwoju Uczonych zainicjowany przez Islamską Radę Finansów IFC oraz SII i Uczonych Szariatu IBFIM Wprowadzenie do programu, ale okazało się, że takie kwalifikacje nie są powszechnie akceptowane. Badanie zdecydowanie zaleca utworzenie Stowarzyszenia Doradców Szariatu na poziomie krajowym i międzynarodowym.235 Dzięki temu stowarzyszeniu jakość zarządu szariatu może być następnie oceniana przez niezależną agencję podobną do agencji ratingowej .

4. Polityka wynagrodzeń

Istnieją znaczne różnice w wynagradzaniu różnych zarządów szariatu . Brak jakichkolwiek ograniczeń polityki lub wytycznych dotyczących wynagrodzenia rady szariatu może prowadzić do niezdrowych praktyk. Dziesięciu najlepszych uczonych szariatu , którzy zdominowali stanowiska w zarządach międzynarodowych instytucji finansowych na całym świecie, zarabia bardzo lukratywne i znaczne wynagrodzenie. Stwierdzono, że przewodniczący rady szariatu może zarobić od 50 000 do 100 000 dolarów na zarząd, a wybitny uczony może nawet zarobić nawet 250 000 dolarów na typowej transakcji na rynkach kapitałowych. Badanie to dalej szacuje, że pięciu najlepszych uczonych szariatu może zarobić nawet milion dolarów rocznie za obsługę ponad stu stanowisk w zarządach i przewodniczących na całym świecie. Chociaż dla doradców szariatu nie istnieje standardowa opłata referencyjna ani opłata ryczałtowa , organy regulacyjne oraz międzynarodowe instytucje finansowe powinny ustanowić specjalną politykę dotyczącą wynagradzania członków zarządu szariatu w oparciu o odpowiednie opłaty ryczałtowe. W kontekście polityki wewnętrznej międzynarodowych instytucji finansowych, prowizje zarządu szariatu powinny być zatwierdzane przez akcjonariuszy i ujawniane w raporcie rocznym.

5. Atrybuty Zarządu Szariatu dotyczące poufności

Byli uczeni szariatu , którzy nieumyślnie lub pośrednio ujawnili pewne poufne informacje, szczególnie ci zasiadający w zarządach wielu międzynarodowych instytucji finansowych. Ponadto wyniki ankiety wskazują, że 29% międzynarodowych instytucji finansowych uważa, że zarząd szariatu nie jest w pełni świadomy kwestii poufności. Zdając sobie z tego sprawę, międzynarodowe instytucje finansowe powinny dysponować odpowiednim mechanizmem rozwiązywania tego problemu, który obejmuje zakres uprawnień zawarty w liście mianowania, egzekwowanie kodeksu etyki i postępowanie dyscyplinarne za wszelkie wykroczenia zarządu szariatu . Przy określaniu zakresu poufności można odwołać się do sekcji 52 IFSB-10. Niemniej jednak IFSB -10 nie zawiera wytycznych dotyczących postępowania dyscyplinarnego w przypadku, gdy członkowie zarządu szariatu naruszą poufność lub ujawnią wrażliwe lub poufne informacje. W związku z tym zaleca się, aby IFI posiadały odpowiednie postępowanie dyscyplinarne, takie jak procedury przesłuchań i zasady dowodowe z odpowiednią strukturą organizacyjną.

G. **FinTech**

Termin technologie finansowe lub „Fintech" jest używany do opisania różnych innowacyjnych modeli biznesowych i pojawiających się technologii, które mają potencjał do przekształcenia branży usług finansowych:

- Innowacyjne modele biznesowe Fintech zazwyczaj oferują jeden lub więcej konkretnych produktów lub usług finansowych w sposób zautomatyzowany za pośrednictwem Internetu. W ten sposób uwalniają różne usługi finansowe tradycyjnie oferowane przez dostawców usług – zasiedziałe banki, brokerów lub menedżerów inwestycyjnych. Na przykład platformy kapitałowego finansowania społecznościowego pośredniczące w plasowaniu akcji; platformy pożyczek typu peer-to-peer pośredniczą lub sprzedają pożyczki; robo -doradcy zapewniają zautomatyzowane doradztwo inwestycyjne; platformy handlu społecznościowego oferują usługi brokerskie i inwestycyjne.

- Nowe technologie, takie jak przetwarzanie kognitywne, uczenie maszynowe, sztuczna inteligencja i technologie rozproszonej księgi (DLT) mogą być wykorzystywane jako uzupełnienie zarówno nowych graczy na rynku Fintech, jak i tradycyjnych operatorów zasiedziałych, a także mogą znacząco zmienić branżę usług finansowych. Chociaż działalność Fintech w IFSI jest wciąż stosunkowo niewielka, to szybko rośnie i rozwija się.

Wraz z nowymi zagrożeniami pojawiają się również nowe możliwości – na przykład włączenie finansowe i bardziej partycypacyjne modele biznesowe, które lepiej odzwierciedlają wartości Islamskiego Finansów. Warto zauważyć, że IFSB opracowuje obecnie również notę techniczną dotyczącą włączenia finansowego i finansów islamskich, w której firmy z branży fintech są przedstawiane jako narzędzia do zwiększania włączenia finansowego. Nota techniczna odnosi się do Fintech zarówno z perspektywy regulacyjnej, jak i politycznej, w celu zwiększenia integracji finansowej poprzez Islamskie Finanse.

FinTech w Islamskim Finansie jest wciąż na wczesnym etapie rozwoju, ale perspektywy na przyszłość są jasne, napędzane przez szybki rozwój FinTech ogólnie, rosnącą świadomość Islamskiego FinTech, dostępność finansowania i wsparcia regulacyjnego. Polityki wspierające rozwój islamskiego przemysłu FinTech obejmują:

• Międzysektorowy panel UK Islamic FinTech został uruchomiony w styczniu 2018 r. Celem panelu, który obejmuje zarówno przedstawicieli przemysłu, jak i rządu, jest dalsze umacnianie pozycji Wielkiej Brytanii jako wiodącego globalnego centrum islamskiego FinTech.

• Wytyczne dotyczące regulacji finansowania społecznościowego i P2P zostały wprowadzone przez Komisję Papierów Wartościowych w Malezji w pierwszej połowie 2017 roku.

• FinTech Hive, akcelerator FinTech, został stworzony przez Międzynarodowe Centrum Finansowe w Dubaju (DIFC) w styczniu 2017 r. Celem akceleratora jest uczynienie z DIFC globalnego hubu FinTech.

• W 2017 roku Bank Centralny Bahrajnu stworzył regulacje dotyczące piaskownicy FinTech oraz dedykowaną jednostkę mającą na celu monitorowanie sektora FinTech.

Po stronie podaży rozwój technologiczny obniża bariery wejścia dla przedsiębiorców do działalności w islamskim sektorze FinTech. Więksi, bardziej ugruntowani gracze również zwiększają swoją ofertę w tej przestrzeni. Na przykład w listopadzie 2018 r. Refinitiv (dawniej Thomson Reuters zajmujący się finansami i ryzykiem) i DDCAP Group (która świadczy usługi ułatwiania aktywów i realizacji transakcji dla islamskich instytucji sektora finansowego za pośrednictwem platformy ETHOS AFP™) podpisały umowę partnerską, aby zapewnić bankom i instytucje finansowe ze zintegrowaną, w pełni zautomatyzowaną platformą do handlu transakcjami skarbowymi zgodnymi z szariatem. Jest to pierwszy przypadek w islamskiej branży bankowej i jest znaczącym osiągnięciem, jeśli chodzi o umożliwienie FinTech dla islamskich wymagań międzybankowych.

Po stronie popytu islamska FinTech oferuje zarówno muzułmańskim, jak i niemuzułmańskim konsumentom więcej opcji wyboru produktów finansowych, które odpowiadają ich osobistym potrzebom, po niższych kosztach.

Wzrost zarówno podaży, jak i popytu na islamskie FinTech podnosi świadomość rosnącego znaczenia FinTech zgodnych z szariatem. Na przykład sektor był wymieniany i omawiany na prawie wszystkich konferencjach i seminariach poświęconych islamskim finansom w ostatnich latach. Niektóre kraje, takie jak Bahrajn, Malezja i Zjednoczone Emiraty Arabskie, ustanowiły ramy regulacyjne, aby zachęcić do rozwoju islamskiego FinTech. Jeśli chodzi o finansowanie, firmy venture capital i private equity zapewniają fundusze dla islamskich startupów FinTech, które zwykle mają trudności z pozyskiwaniem kapitału od konwencjonalnych dostawców finansowania.

Po serii grup roboczych i seminariów TheCityUK i Borsa Istanbul opracowały raport z zaleceniami dotyczącymi współpracy regulacyjnej, pokazując jednocześnie, w jaki sposób wykorzystanie technologii finansowych może zapewnić dostęp do finansowania w całym świecie islamskim.

Na koniec 2017 r. na całym świecie istniało około 120 islamskich firm FinTech. Chociaż rozwój islamskich FinTech był najbardziej widoczny w krajach muzułmańskich, Wielka Brytania ma również dobrą pozycję na rynku ze względu na swoje przewagi konkurencyjne zarówno w usługach finansowych, jak i technologia. Na przykład Yielders, platforma crowdfundingowa skoncentrowana na inwestycjach w nieruchomości mieszkalne, otrzymała w 2017 r. certyfikat zgodności z prawem szariatu, co czyni ją pierwszą w Wielkiej Brytanii regulowaną firmą FinTech działającą zgodnie z zasadami islamu. W sierpniu 2018 r. Wahed Invest, amerykańska firma inwestycyjna skoncentrowana na halal, uruchomiła cyfrową platformę inwestycyjną halal w Wielkiej Brytanii. Według danych IFN FinTech, islamskiej platformy FinTech, Wielka Brytania ma drugą co do wielkości liczbę islamskich firm FinTech (18), zaraz po Malezji (21) i przed Indonezją i ZEA (po 15). .

Bibliografia

AAOIFI. (n.d.). Governance Standard for Islamic Financial Institutions No. 7 Corporate Social Responsibility Conduct and is closure for Islamic Financial Institutions: Accounting and Auditing Organization For Islamic Financial Institutions (AAOIFI).

Abdelhamid, D., & El Mahdi, A. (2003). The small business informality challenge: lessons learned from country experiences and the road ahead of Egypt. Paper presented at the Economic Research Forum Working Papers.

Abojeib, M., & Habib, F. (2019). Blockchain for Islamic Social Responsibility Institutions FinTech as a Disruptive Technology for Financial Institutions (pp. 221-240): IGI Global.

Abu-Tapanjeh, A. M. (2009). Corporate governance from the Islamic perspective: A comparative analysis with OECD principles. Critical Perspectives on Accounting, 20(5), 556-567. doi:10.1016/j.cpa.2007.12.004

Ager, S. N. S., et al. AN ANALYSIS OF THE DEFINITION OF HALAL:SHARI'AH VS STATUTES. World Academic and Research Congress 2015 (World-AR 2015) Ar-Rahim Hall, YARSI University, Jakarta, Indonesia, 9th – 10th December 2015.

Alasrag, H. (2010). Global Financial crisis and Islamic Finance.

Ali Aribi, Z., & Gopinath Arun, T. (2012). Corporate Social Responsibility in Islamic Financial Institutions (IFI): A Management Insight. Available at SSRN 2052635.

Allen&OveryLLP. (2009). Islamic microfinance report for institutions offering Islamic financial services.

Al-Rifaee, S. (2008). Islamic banking myths and facts.

Available from http://www.usitc.gov/publications/332/pub4455.pdf.

Awang, R., et al. (2014). "Halal epistemology from a global perspective." Social Sciences (Pakistan) 9(6).

Ayub, M. (2009). Understanding Islamic Finance: Wiley.

Berryhill, J., T. Bourgery and A. Hanson. (2018). Blockchains Unchained: Blockchain Technology and its Use in the Public Sector

Brown, D. (2013). Corporate social responsibility. (A Senior Thesis submitted in partial fulfillment of the requirements for graduation in the Honors Program), Liberty University.

Castiglione Maldonado, F. (2018). Introduction to Blockchain and Ethereum: Packt Publishing.

Cernat, L., López , A. N., & T-Figueras, A. D. (2014). SMEs are more important than you think! Challenges and opportunities for EU exporting SMEs. Chief Economist Note, vol 3. Brussels: European Commission. Available

Chapra, M. U. (2007). 21 Challenges facing the Islamic financial industry. Handbook of Islamic Banking, 325.

Chapra, M. U. (2011). The global financial crisis: Some suggestions for reform of the global financial architecture in the light of Islamic Finance. Thunderbird International Business Review, 53(5), 565-579.

Chapra, M. U., & Ahmed, H. (2002). Corporate governance in Islamic financial institutions. Occasional Paper No. 6, Jeddah, IRTI/IDB.

Dali, N., et al. (2007). HALAL PRODUCTS FROM THE CONSUMERS PERCEPTION. AN ONLINE SURVEY. Proceeding of the Islamic Entrepreneurship Conference, KolejUniversiti Islam Malaysia.

Dar, H., et al. (2013). Global Islamic Finance Report: GIFR 2013, Edbiz Consulting.

Dewar, J., & Hussain, M. M. (2011). ISLAMIC PROJECT FINANCE. In J. Dewar (Ed.), International Project Finance: Law and Practice: OUP Oxford.

Di Mauro, F., Caristi, P., Couderc, S., Di Maria, A., Ho, L., Grewal, B. K., . . . Zaher, S. (2013). Islamic Finance in Europe.

Drescher, D. (2017). Blockchain Basics: A Non-technical Introduction in 25 Steps, 1st edn. Apress, Frankfurt am Main (2017).

Elasrag, H. (2010). Enhancing the competitiveness of the Arab SMEs. Available at SSRN 1586454.

Elasrag, H. (9. April 2011). Principals of the Islamic Finance: A focus on project finance. MPRA Paper No. 30197.

Elasrag, Hussein. Principles of Islamic Finance. CreateSpace Independent Publishing Platform, 2018.

Elasrag H. Islamic Finance for SMES. CreateSpace Independent Publishing Platform; 2016 Sep 15.

Elasrag, H., 2018. Corporate governance in Islamic financial institutions, CreateSpace Independent Publishing Platform.

Elasrag, H., 2018. Economics of Halal Industry ,CreateSpace Independent Publishing Platform.

European commission. (2015). User guide to the SME Definition. doi:10.2873/782201

Faiz, W. (2011). Challenges and opportunities Islamic financial institutions are facing in the western countries. (Master Thesis), University of Aarhus.

Farook , S. (2007). On corporate social responsibility of Islamic financial institutions. Islamic Economic Studies, 15(1), 31-46.

Fleishman Hillard Majlis (2011). "The Market Opportunity of the Muslim World."

Friedman, M. (1962, 1982). Capitalism and freedom. United States of America: University of Chicago press.

Friedman, M. (September 13, 1970). The Social Responsibility of Business is to Increase its Profits. The New York Times Magazine.

Geneva: ILO, : International Labour Office, Enterprises Department.

Ghuddah, A. S. A. (1998). Ijarah (lease). Dallah Al-Baraka Group Al-Baraka Banking Group (ABG) Department of Research & Development.

Gupta , L., & Alam, N. (2019). Blockchain-Driven Remittance:Opportunities for Islamic Finance. I-FIKR DIGEST SPECIAL I(SSUE 1).

Haniffa, R., & Hudaib, M. (2007). Exploring the ethical identity of Islamic banks via communication in annual reports. Journal of Business Ethics, 76(1), 97-116.

Hasan, Z. (2009). Corporate Governance: Western and Islamic Perspectives. International Review of Business Research Papers, 5(1), 277-293.

Hasan, Z. (2010). Regulatory framework of Shari'ah governance system in Malaysia, GCC Countries and the UK. Kyoto Bulletin of Islamic Area Studies, 3(2), 82-115.

Hasan, Z. (2011). Sharīʿah Governance in Islamic Financial Institutions in Malaysia, GCC Countries, and the UK. (Doctoral thesis), Durham University. Retrieved from http://etheses.dur.ac.uk/810/

Hasni bin Wan Sulaiman, W. M. (2017). Islamic Finance and the Blockchain Revolution. Paper presented at the Cryptocurrency, Blockchain & Distributed Ledger Technology: Synergizing Technology & Shariah, Kulliyyah of ICT, IIUM.

Hassan, A., & Latiff, S. B. A. (2009). Corporate social responsibility of Islamic financial institutions and businesses: Optimizing charity value. Humanomics, 25(3), 177-188.

Hj Hassan, F. (2013). Halal food marketing: dare to win! Malaysia, UiTM Press.

IFC. (2014). Islamic Banking Opportunities Across Small and Medium Enterprises in MENA

Ilias, S. (2010). Islamic Finance: overview and policy concerns. Retrieved from http://www.fas.org/sgp/crs/misc/RS22931.pdf

International Finance Corporation. (2019). Blockchain : Opportunities for Private Enterprises in Emerging Markets, Second Edition. International Finance Corporation. Retrieved from Washington, DC.: https://openknowledge.worldbank.org/handle/10986/31251

International Labour Office. (2015). Small and medium-sized enterprises and decent and productive employment creation Retrieved from Geneva, Switzerland:

International Trade Centre (ITC). (2015). SME Competitiveness Outlook 2015: Connect, Compete and Change for Inclusive Growth. Geneva: ITC.

Iqbal, Z. (1997). Islamic financial systems. Finance and Development, 34, 42-45.

Iqbal, Z. (2007). Challenges facing Islamic financial industry. Journal of Islamic Economics, Banking and Finance (JIEBF), 3.

Islamic Financial Services Board. (May 2015). Islamic Financial Services Industry Stability Report 2015 Retrieved from Malaysia:

Jamali, D., & Mirshak, R. (2007). Corporate social responsibility (CSR): theory and practice in a developing country context. Journal of business ethics, 72(3), 243-262.

Kamali, M. H. (2010). "The halal industry from a shari'ah perspective." Islam and Civilisational Renewal 1(4.

Kamali, M. H. (2012). "Tourism and the Halal Industry: A Global Shariah Perspective." Islam and Civilizational Renewal (ICR) 3(3).

Léon, F., & Weill, L. (2016). Islamic Banking Development and Access to Credit. Université de Strasbourg: Laboratoire de Recherche en Gestion et Economie (LaRGE)

Maali, B., Casson, P., & Napier, C. (2006). Social reporting by Islamic banks. Abacus, 42(2), 266-289.

Malaysia International Islamic Financial Centre. (February 2016). Islamic Finance: Bridging the Funding Gaps of SMEs and MSMES. Retrieved from Malaysia:

Malboobi, M. T. and M. A. Malboobi (2012). Halal concept and products derived from modern biotechnology. International workshop for Islamic scholars on agribiotechnology: Shariah compliance.

Mohamed, H., & Ali, H. (2018). Blockchain, Fintech, and Islamic Finance: Building the Future in the New Islamic Digital Economy: Walter de Gruyter GmbH & Co KG.

Mohammed, J. A. (2007). Corporate social responsibility in Islam. Auckland University of Technology.

Moon, J. (2011). Corporate Social Responsibility. Manchester Business School.

Mougayar, W. (2016). The business blockchain: promise, practice, and application of the next Internet technology: John Wiley & Sons.

Muhammada, M. Z., & Chonga, R. (2007). The Contract of Bay'Al-Salam and Istisna' in Islamic Commercial Law: A comparative analysis. Labuan e-Journal of Muamalat and Society, 1, 21-28.

Muhammed , H. (KLCC 30 March – 4 April 2015). Halal: Defining Terms, Educating Communities. MIHAS: The Halal Global Market Place – World Halal Summit.

Mumani, H. F. (2014). Islamic Finance for SMEs in Jordan 1978-2014. (Master of Science in Banking and Finance), Eastern Mediterranean University (EMU)-Doğu Akdeniz Üniversitesi (DAÜ).

Navas-Alemán, L., & Guerrero, T. (2016). Procurement practices and SMEs in global supply chains: what do we know so far? : A literature review

OECD. (2004). OECD Principles of Corporate Governance 2004: OECD Publishing.

OECD. (2016). Financing SMEs and Entrepreneurs 2016: OECD Publishing.

Rana, O., & Akinlaso, M. I. (Q3 2018). How Blockchain can impact the Muslim world: Food S&P Shariah Indices Methodology, (March 2014).

Rasameel Structured Finance. (2014). 2013 Annual Global Sukuk Report. Retrieved from S&P Shariah Indices Methodology, (March 2014).

Sadouskaya, K. (2017). Adoption of Blockchain Technology in Supply Chain and Logistics.

Saidi, N. (2008). Corporate governance in Islamic Finance. Islamic Wealth Management: A Catalyst for Global Change and Innovation. London: Euromoney Institutional Investor.

Salaam Gateway (JANUARY 2016). "Muslim-Friendly Beach Resorts: Opportunities and Trends." Monthly Report Series Prepared.

Shaban, M., Duygun, M., & Fry, J. (2016). SME's lending and Islamic Finance. Is it a "win–win" situation? Economic Modelling, 55, 1-5. doi:http://dx.doi.org/10.1016/j.econmod.2016.01.029

Sultan, K., Ruhi, U., & Lakhani, R. (2018). Conceptualizing Blockchains: Characteristics & Applications. Paper presented at the 11th IADIS International Conference Information Systems

Sylvester, G. (2019). E-agriculture in action: Blockchain for agriculture Challenges and opportunities. Retrieved from Bangkok, Thailand:

Tan, B., Yan, J., Chen, S., & Liu, X. (2018). The Impact of Blockchain on Food Supply Chain: The Case of Walmart. Paper presented at the International Conference on Smart Blockchain.

Thomson Reuters and Dinar Standard (2016). "State of the Global Islamic Economy 2015/16 Report." Thomson Reuters and Dinar Standard, New York City.

Tieman, M., & Darun, M. R. (2017). Leveraging blockchain technology for halal supply chains. Islam and Civilizational Renewal (ICR), 8(4), 547-550.

UK Islamic Finance secretariat UKIFS. (2019). financial markets series UK.

United States International Trade Commission (USITC). (2014). Trade Barriers That U.S. Small and Medium-sized Enterprises perceive as affecting exports to the European Union, Investigation No. 332-541, Publication 4455. Washington, D.C.

Usmani, M. I. A., & Zubairi, Z. (2002). Meezan Bank's Guide to Islamic Banking: Karachi: Darul-Ishaat Urdu Bazar.

Uusmani, M. T. (2002). An introduction to Islamic Finance (Vol. 20): Brill.

Wajdi Dusuki, A. (2008). What does Islam say about corporate social responsibility? Review of Islamic Economics, 12(1), 5-28.

Wilson, Rodney (2009). 'Shariah Governance for Islamic Financial Institutions'. Journal of Islamic Finance 1(1): 59-75.

World Bank Group, & Islamic Development Bank. (2015). Leveraging Islamic Finance for Small and Medium Enterprises (SMEs). Retrieved from Washington DC:

Zakaria, Z. (2008). "Tapping into the world halal market: some discussions on Malaysian laws and standards." Shariah Journal 16(3.

Zyp, V. L. (2009). Islamic Finance in the United States: Product development and regulatory adoption. Georgetown University.

www.ingramcontent.com/pod-product-compliance
Ingram Content Group UK Ltd.
Pitfield, Milton Keynes, MK11 3LW, UK
UKHW020722041026
15590UKWH00002B/831

9 787786 480387